もっとやさしい
起きてから
寝るまで
中国語表現
600

**1日の「体の動き」「心のつぶやき」を
全部中国語で言って会話力アップ！**

執筆・解説：顧 蘭亭／古屋順子

はじめに／前言

●「起き寝るシリーズ」のコンセプト

　「一人で外国語のスピーキング力をアップさせる」ことを目標に、朝起きてから夜寝るまでの、日常生活における動作、心のつぶやき、描写表現などを、そのまま外国語に変えて「ひとりごと」として練習する──これが「起きてから寝るまでシリーズ」の基本的なコンセプトです。

　おかげさまで1989年の刊行以来、「起き寝る」メソッドは広く世に受け入れられ、続編も次々に刊行され、このシリーズはベストセラーに成長しました。

●初級者の要望にこたえた「起き寝る本」

　そんな中、英語学習ビギナーの方々から、「自分たちのような初級者のための『起き寝る本』が欲しい」という声をいただくようになりました。「英文法の基礎がわかってきたレベルでも、丸ごと1冊、一人で楽しみながらトレーニングができる『起き寝る』本」というものです。

　たしかに、「起き寝るシリーズ」のほとんどが、英文法についてはほぼマスターしていることを前提に制作されていて、特に「つぶやき表現」には初級者には難しいフレーズも含まれています。そこで、要望にこたえて2010年に『もっとやさしい 起きてから寝るまで英語表現600』を刊行、そして、時代とともに古くなった物や表

現を改め、2021年に改訂版を出しました。

　本書は、『改訂版 もっとやさしい起きてから寝るまで英語表現600』を基にした中国語版です。『英語表現600』のオリジナリティーを生かしつつ、ネイティブが使う自然な中国語表現になるように工夫しました。本書は、以下のような方針で作っています。

◆ できるだけ初級段階*で学ぶ文法で例文などを作る
◆ 感情や気持ちを表すため、短くて中国語らしい「丸覚え表現」をできるだけ取り入れる
◆ 語彙レベルは特に限定せず、大人の一般的な日常生活に必要な語をカバーする

　本書を一通り学習した後は、日本語を聞いたら瞬時に中国語が口を突いて出るようになるまで、繰り返し練習してください。中国語による発信力の基本が身に付き、やがてどんどん話せるようになっている自分に出会えるでしょう。

2023年7月　アルク 出版編集部

＊初級段階＝たとえば、大学の第二外国語で週2回、2年間学ぶ場合の計240時間
　　　　　の課程など

目次 ／ 目录

本書の構成と使い方 / 本书内容组成与用法

本書全体の構成と使い方

● 朝起きてから夜寝るまで、一日の一般的な生活シーンを8章に分けています。

● それぞれの章は、「単語編」「動作表現」「つぶやき表現」「やってみよう」に分かれています。

● まずは全体を通して読んでみましょう。それから、自分の興味のある章を中心に、何度も繰り返し練習して覚えましょう。スピーキング力がみるみるつきます。

各章の構成と使い方

単語編

各章に出てくる「物」や「事」を表す単語をイラストとともに掲載。

※イラスト内の日本語を中国語にできるかどうか試してみましょう（解答は下の欄）。

※ここで、各章のイメージをつかみ、「つぶやき練習」前のウォームアップをしましょう。

動作表現

　毎日の行動・行為の数々を紹介しています。つぶやき練習の基本となるものです。中には一見簡単そうでもなかなか言えない表現もあります。

※初級レベルの文型がほとんどです。

※必要に応じて10〜13ページの「発音のおさらい」をチェックした上で、少しでも音声に近づけるように、何度も口に出して練習してみましょう。

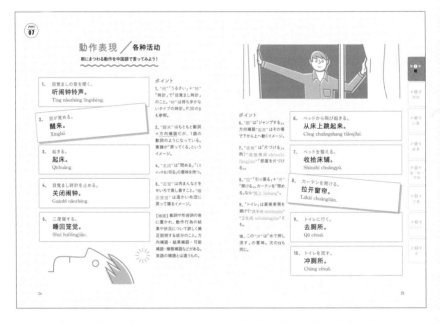

PART 07

動作表現／各种活动

朝にまつわる動作を中国語で言ってみよう！

1. 目覚ましの音を聞く。
听闹钟铃声。
Tīng nàozhōng língshēng.

2. 目が覚める。
醒来。
Xǐnglái.

3. 起きる。
起床。
Qǐchuáng.

4. 目覚まし時計を止める。
关闭闹钟。
Guānbì nàozhōng.

5. 二度寝する。
睡回笼觉。
Shuì huílóngjiào.

ポイント
1. "闹"「うるさい」＋"铃声"「時計」で「目覚まし時計」のこと。"铃"は持ち歩かないタイプのもの。P.30も参照。

2. "醒来"はもともと動詞＋方向補語だが、1語の動詞のようになっている。意識が戻ってくる、というイメージ。

4. "关闭"は「閉める」「スイッチを切る」の意味を持つ。

5. "回笼"は肉まんなどをせいろで蒸し直すこと。"睡回笼觉"なら温かい布団に戻って寝るイメージ。

【補語】動詞や形容詞の後に置かれ、動作行為の結果や状況について詳しく補足説明する成分のこと。方向補語・結果補語・可能補語・様態補語などがある。英語の補語とは違うもの。

ポイント
6. "跳"は「ジャンプする」。方向補語"起来"はその場で下から上へ動くイメージ。

7. "收拾"は「片づける」。例）"收拾房间 shōushi fángjiān"「部屋を片づける」。

8. "拉"「引っ張る」＋"开"「開ける」。カーテンを「閉める」なら"拉上 lāshàng"。

9. 「トイレ」は遠接表現を避けて"洗手间 xǐshǒujiān""卫生间 wèishēngjiān"と。

10. この"冲"は「水で押し流す」の意味。次の11も同じ。

6. ベッドから飛び起きる。
从床上跳起来。
Cóng chuángshang tiàoqilai.

7. ベッドを整える。
收拾床铺。
Shōushi chuángpù.

8. カーテンを開ける。
拉开窗帘。
Lākāi chuānglián.

9. トイレに行く。
去厕所。
Qù cèsuǒ.

10. トイレを流す。
冲厕所。
Chōng cèsuǒ.

24　　25

※例文の一部には、表現の理解の助けとなる解説を付け、また関連表現を示しています。

※音声では、本書の単語・例文を「日本語→中国語」の順で録音しています。一通り学習したら、次は日本語を聞いてすぐ中国語にする練習をしてみてください。

つぶやき表現

頭や心の中で考えたり感じたりしたことを中国語で表現します。初級文法と丸覚えパターンで、さまざまな思考や感情を言い表せます。

※「つぶやき表現」の中には、自分の気持ちを伝える表現として会話で使えるものもたくさんあります。つぶやき練習をした後、実際に使ってみましょう。

※見出しの和文と中文は、必ずしも直訳の関係ではありません。こんな気持ちを中国語らしく言おうとするとどういう表現になるのか、という例として挙げられています。

丸覚え表現

気持ちや感情を表すために、そっくりそのままの形で使える定番フレーズ。ほとんどが短くて覚えやすく、便利な中国語らしい表現です。より広い場面で使えるように、一部は見出しのフレーズを変形しています。場面を意識しながら覚えましょう。

基本の構文・常用表現

語句を入れ替えれば自分のさまざまな気持ちや要望を言えるようになる便利な表現パターン。同じものが本書の中で何回か出てきます。14～18ページのリストを参照しながら、確実に身に付けましょう。

覚えておきたい動詞＋目的語のセット

常用の「動詞＋目的語」をいくつか紹介。19～20ページのリストを参照しながら表現の幅を広げましょう。

やってみよう

重要フレーズをちゃんと覚えられたか、各章の最後にクイズでチェックしましょう。

会話にトライ！　P206～

各章に出てきた表現を使った会話のモデルです。実際の会話でどう使うのか参考にして、繰り返し自分でも言ってみましょう。

学習用音声の使い方

トラック番号を確認

本書の音声はダウンロード（無料）して聞くMP3音声ファイルです。音声を聞くときは、各項目に掲載されているトラックの番号を呼び出してご利用ください。

トラックマーク

各項目に付いているこのマークの数字が、トラック番号に対応しています。

収録内容

単語編	会話にトライ!
動作表現	丸覚え表現47
つぶやき表現	

収録言語

日本語　中国語

➡単語・フレーズが日本語と中国語で収録されています（会話を除く）。フレーズを一通り理解した後には、日本語を聞いたらすぐに中国語が口を突いて出てくるようになるまで繰り返し練習しましょう。

単語編・動作表現・つぶやき表現	ページ	トラック
第1章	22-37	**06-08**
第2章	40-53	**09-11**
第3章	56-85	**12-14**
第4章	88-111	**15-17**
第5章	114-139	**18-20**
第6章	142-157	**21-23**
第7章	160-179	**24-26**
第8章	182-203	**27-29**

会話にトライ!・丸覚え表現47	ページ	トラック
第1章	206-209	**30-31**
第2章	210-213	**32-33**
第3章	214-217	**34-35**
第4章	218-221	**36-37**
第5章	222-225	**38-39**
第6章	226-229	**40-41**
第7章	230-233	**42-43**
第8章	234-237	**44-45**
丸覚え表現47	238-241	**46**

【音声のダウンロードについて】　本書の商品コードは「7023027」です。

※パソコンでダウンロードする場合
以下のURLで「アルク・ダウンロードセンター」にアクセスの上、画面の指示に従って、音声ファイルをダウンロードしてください。

URL：https://www.alc.co.jp/dl/

※スマートフォンでダウンロードする場合
以下のURLから学習用アプリ「booco」をインストールの上、ホーム画面下「さがす」から本書を検索し、音声ファイルをダウンロードしてください。

URL：https://booco.page.link/4zHd

※本サービスの内容は、予告なく変更する場合がございます。あらかじめご了承ください。

発音のおさらい

苦手意識がある人も、色のついているところを重点的に復習していきましょう。

♪MP3
01

声調は4+1種類

　どの漢字にも「声調」と呼ばれる音の高さや上がり下がりがあります。「声調」は4種類あるので「四声（しせい）」とも言います。子音と母音の組み合わせが同じでも、声調が違えば違う漢字、つまり違う意味になるので、まずは声調がとても大事です。

　第1声「高く平らに」、第2声「上がる」、第3声「低く抑え、下がって上がる」、第4声「下がる」。それに、本来の声調がなくなって、他の声調の後に軽く短く発音される「軽声」があります。

　ただし、第3声の後に第1、2、4声が来る場合は、低く抑えるところまで（図の実線の部分だけ）になります。単独の第3声と、後に他の声調が続く場合を聞き比べてみましょう。

dǎ	dǎkāi	dǎhuá	dǎnào
打	打开	打滑	打闹
	（開く）	（空回りする）	（騒ぐ）

※音の高さは絶対的なものではなく、自分の声を基準にして「高い」「低い」ということです。

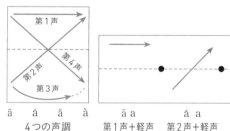

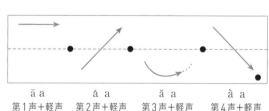

ā	á	ǎ	à		ā a	á a	ǎ a	à a

4つの声調　　　　第1声＋軽声　第2声＋軽声　第3声＋軽声　第4声＋軽声

変調ルール① 第3声＋第3声→第2声＋第3声の変調

　後の声調との組み合わせで、前の声調が変化する（変調する）ルールも確認しておきましょう。

　第3声が2つ続く場合、前の第3声は必ず第2声に変調します。3つ以上続く場合は、語のつながりの強さによって「どこを連続と捉えるか」が違うので、お手本の音声を聞いて真似ることから始めましょう。

nǐ　　　hǎo　→　ní　　　hǎo
你　　　好　　　　你　　　好

※声調記号は第3声のまま表記します。

母音

　母音・子音とも、日本語には近い音がなかったり、ローマ字のつづりに惑わされやすかったりするものがあります。色のついているものを重点的に練習しましょう。なお、（　）内は前に子音がつかない場合のつづりです。

①単母音＋特殊な母音
　a　o　e　i(yi)　u(wu)　ü(yu)　＋　er

　eは「エ」ではなく、「エ」の口の形で「オ」を発音するイメージです。
　ü(yu)は「ユ」ではなく、「イ」の口の形で「ウ」を発音するイメージです。
　erは子音や他の単母音と結びつくことのない特殊な単母音です。やや曖昧な「ア」を発音した後、舌をくるっと反り上げます。

②複母音（二重母音、三重母音）
　ここに出てくるeは日本語の「エ」に近い、はっきりした発音です。
　ai　　　　　ei　　　　　　ao　　　　　ou
　ia(ya)　　　ie(ye)　　　　ua(wa)　　　uo(wo)　　　　üe(yue)
　iao(yao)　　iou(you)　　　uai(wai)　　uei(wei)

③ -n、-ng で終わる複母音

　-n は「案内（アンナイ）」の「ン」、-ng は「案外（アンガイ）」の「ン」と説明されることがあります。発音した後、-n は舌先が上あごについている、-ng は舌先が浮いていることを意識しましょう。

an	en	ang	eng	ong
ian(yan)	in(yin)	iang(yang)	ing(ying)	iong(yong)
uan(wan)	uen(wen)	uang(wang)	ueng(weng)	
üan(yuan)	ün(yun)			

　eng は「エン」ではありません。単母音の e と同じく「エ」の口の形で「オ」を発音する曖昧な音の後に、-ng を発音します。
　ian(yan) は「イアン」と読みたくなりますが、「イエン」です。つづりに惑わされないように注意しましょう。

子音

　子音だけでは音が出ないので、（　）内の母音をつけて練習します。

b(o)	p(o)	m(o)	f(o)
d(e)	t(e)	n(e)	l(e)
g(e)	k(e)	h(e)	
j(i)	q(i)	x(i)	
zh(i)	ch(i)	sh(i)	r(i)
z(i)	c(i)	s(i)	

無気音　有気音

　青枠の囲みは無気音と有気音のペアです。無気音は息の音が出ないように、有気音は息の音がはっきり聞こえるように発音します。
　黒枠の囲みは、単母音の i とは違う i です。zh、ch、sh、r の後はややこもった音の i。z、c、s の後は口を平たく開けて発音する i です。
　zh、ch、sh、r は日本語に近い音がありません。zh は舌をのどの奥に向けて反り上げ、上あごにしっかりつけて発音します。ch も同じ要領ですが、有気音なので

息の音をはっきり出して発音します。shは舌を反り上げた状態で上あごにつけないで発音します。また、zh、ch、shのどれでも、発音した後そのまま延ばしていけばrの発音になります。

　qとcは、発音自体は難しくありませんが、つづりに惑わされがちです。お手本の音声をよく聞いて、つづりと音との関係をしっかりつかみましょう。

"一 yī" と "不 bù" の変調

　"一" は本来第1声、"不" は第4声ですが、後に続く声調によって、次のように変調します。

yì bēi	yì tiáo	yì běn	yí fèn
一 杯	一 条	一 本	一 份

bù chī	bù lái	bù mǎi	bú qù
不 吃	不 来	不 买	不 去

| 後が第1声 | 後が第2声 | 後が第3声 | 後が第4声 |

※声調記号は、変調したものを表記します。

お役立ち表現45

起きてから寝るまでの中国語表現をつぶやくため、本書に
登場する必須のお役立ち表現をあらかじめ知っておきましょう。

① 基本の構文・常用表現 編

押さえておきたい基本の構文や常用表現を紹介。初級のテキストではあまり扱わないものもありますが、使用頻度が高く、自然な表現ができるものをまとめました。語順については、説明にはあまりこだわらず、フレーズそのものを覚えてしまいましょう。

〜是… 〜は…だ

"是" は英語の be 動詞に似た働きをします。否定には "不" を使います。
● 我是公司职员。Wǒ shì gōngsī zhíyuán. (私は会社員です。) / 这不是快车。Zhè bú shì kuàichē. (これは急行列車ではありません。) / 他是不是演员？Tā shì bu shì yǎnyuán? (あの人、俳優じゃない?)

形容詞述語文 〜は…だ

英語の be 動詞と違って、形容詞が述語になる文にはふつう "是" を使いません。その代わり、程度を表す "很" (とても) や "真" (本当に) などの語が必要です。特に強調しないときは "很" を軽く発音しましょう。"真" ははっきり強調を表します。形容詞の否定には "不" を使います。
● 天气很好。Tiānqì hěn hǎo. (天気がいい。) / 天气真好！Tiānqì zhēn hǎo! (いい天気!) / 天气不好。Tiānqì bù hǎo. (天気がよくない。)

〜在… 〜は…にいる／ある

[人／物＋"在"＋場所] という語順です。人や物は特定できるもの、話し手と聞き手の間で誰 (何) を指すかわかっているものです。否定にはやはり "不" を使います。
● 沙拉在冰箱里。Shālā zài bīngxiānglǐ. ((あの)サラダは冷蔵庫にあります。) / 他不在这儿。Tā bú zài zhèr. (彼はここにはいません。) / 明天您在不在家？Míngtiān nín zài bu zài jiā? (明日はご在宅ですか?)

…有〜 …には〜がいる／ある

存在と所有の意味があります。否定にはいずれも "没" を使います。
① 存在を表す場合、上の "在" とは逆の [場所＋"有"＋人／物] という語順になります。

人や物は不特定のものです。

● 这儿有人吗? Zhèr yǒu rén ma? / 这儿有没有人? Zhèr yǒu méiyǒu rén? (ここ、誰かいますか?) / 车站附近没有停车场。 Chēzhàn fùjìn méiyǒu tíngchēchǎng. (駅の近くには駐車場がありません。)

② 所有を表す場合は「…は〜を持っている」となります。

● 你有笔吗? Nǐ yǒu bǐ ma? (書くもの持ってる?) / 我没有兄弟姐妹。 Wǒ méiyǒu xiōngdì jiěmèi. (私には兄弟がいません。)

A还是B　Aか、それともBか

選択肢を挙げて、相手に選んでもらう疑問文です。

● 您吃牛肉还是吃鸡肉? Nín chī niúròu háishi chī jīròu? (ビーフですか、チキンですか?) / 你要热的还是冰的? Nǐ yào rè de háishi bīng de? (ホットですか、アイスですか?)

A比B〜　AはBより〜だ

比較表現です。比較して、どれだけ差があるかはこの後に置きます。否定には"没有"を使います。

● 弟弟比我高。 Dìdi bǐ wǒ gāo. (弟は私より背が高い。) / 弟弟比我高三厘米。 Dìdi bǐ wǒ gāo sān límǐ. (弟は私より3センチ背が高い。) / 我没有弟弟高。 Wǒ méiyǒu dìdi gāo. (私は弟ほど背が高くない。)

比起B，更喜欢A　BよりAが好きだ

少し難しい比較表現ですが、実際の会話ではこれもよく使います。

● 比起红茶，我更喜欢咖啡。 Bǐqǐ hóngchá, wǒ gèng xǐhuan kāfēi. (紅茶よりコーヒーが好き。)

让 / 令A〜　Aに〜させる

使役表現です。"让〜"は「〜してもらう」「〜するように言う」といったニュアンスでも使われます。

● 让他帮忙吧。 Ràng tā bāngmáng ba. (彼に手伝ってもらおう。) / 令人感动。 Lìng rén gǎndòng. (人を感動させる→感動した。)

把A〜　Aを〜する

"把"は目的語を動詞の前に引き出し、その目的語に何らかの処置を加えることを表す介詞です。目的語は特定のもの、動詞にはプラスαが必要という条件があります。

● 你把这本书看完了吗? Nǐ bǎ zhèi běn shū kànwán le ma? (この本、読み終わった?) / 他没把空调关掉。 Tā méi bǎ kōngtiáo guāndiào. (彼、エアコンを消してない。)

在〜　〜している

"在"＋動詞で、動作が進行中であることを表します。

● 在下雨。Zài xià yǔ.（雨が降っている。）／ 你在干什么呢? Nǐ zài gàn shénme ne?（何してるの?）

在〜　〜で

介詞 "在" は動作を行う場所を示します。

● 在站台等电车。Zài zhàntái děng diànchē.（プラットホームで電車を待つ。）／ 别在厕所里看报纸! Bié zài cèsuǒli kàn bàozhǐ!（トイレで新聞を読まないで!）

从〜　〜から

介詞 "从" は時間や場所の起点を示します。

● 从房间里出来。Cóng fángjiānli chūlai.（部屋から出てくる。）／ 从今天开始减肥。Cóng jīntiān kāishǐ jiǎnféi.（今日からダイエットを始める。）

给〜　〜に

介詞 "给" は動作の対象・受け手を示します。

● 给他打电话吧。Gěi tā dǎ diànhuà ba.（彼に電話して。）／ 给老人让座。Gěi lǎorén ràngzuò.（お年寄りに席を譲る。）

用〜　〜で

介詞 "用" は道具や手段を示します。

● 用手机查一查吧。Yòng shǒujī chá yi chá ba.（スマホで調べてみよう。）／ 可以用铅笔写吗? Kěyǐ yòng qiānbǐ xiě ma?（鉛筆で書いていいですか?）

〜一下　ちょっと〜する

動詞＋ "一下" で「ちょっと〜する」という意味を表します。

● 你来一下。Nǐ lái yíxià.（ちょっと来て。）／ 我们再考虑一下吧。Wǒmen zài kǎolǜ yíxià ba.（もうちょっと考えてみよう。）

有点儿〜　少し〜だ

"有点儿"＋形容詞は「少し〜だ」という意味です。多くの場合、あまり好ましくないことに使います。

● 今天有点儿冷。Jīntiān yǒudiǎnr lěng.（今日はちょっと寒い。）／ 这个菜有点儿咸。Zhèige cài yǒudiǎnr xián.（この料理はちょっと塩辛い。）

一点儿　少し

2つの使い方があります。いずれも"一"は省略される場合があります。

① 形容詞＋"一点儿"は何かと比較して「少し～だ」という意味を表します。

● 今天比昨天冷一点儿。Jīntiān bǐ zuótiān lěng yìdiǎnr. (今日は昨日よりちょっと寒い。) ／ 下次早点儿来吧。Xià cì zǎo diǎnr lái ba. (この次は少し早く来てね。)

② "一点儿"＋名詞は「少しの～」という意味を表します。

● 一点儿饭都没有。Yìdiǎnr fàn dōu méiyǒu. (少しのご飯もない。) ／ 快喝点儿水。Kuài hē diǎnr shuǐ. (早く、水をちょっと飲んで。)

太～了　すごく～だ

"太～了"の間に形容詞を挟んで、程度が高いことを表します。発音が変化した"太～啦"も同様です。

● 太辣了! Tài là le! (辛すぎる!) ／ 太好啦! Tài hǎo la! (やったあ!)

不太～　あまり～ない

"不太～"で「あまり～ない」という意味です。助動詞と一緒に使う場合は助動詞の前に置きます。

● 我不太清楚。Wǒ bú tài qīngchu. (よくわからない。) ／ 今天不太想吃饭。Jīntiān bú tài xiǎng chī fàn. (今日はあまりご飯を食べたくない。)

得～　～しなければならない

「～しなきゃ」というときに助動詞"得～"がよく使われます。介詞と一緒に使う場合は助動詞を介詞の前に置きます。

● 得减肥了。Děi jiǎnféi le. (ダイエットしなきゃ。) ／ 得把垃圾分类。Děi bǎ lājī fēnlèi. (ゴミの分別をしなきゃ。)

会～　～できる／～するはずだ

2つの使い方があります。

① 可能を表す「～できる」。主に学習・訓練が必要なことに使い、お酒やタバコも訓練が必要なことと考えます。また、"很会～"は「～が上手だ」という意味になります。

● 你会说法语吗? Nǐ huì shuō Fǎyǔ ma? (フランス語は話せますか?) ／ 我不会喝酒。Wǒ bú huì hē jiǔ. (私はお酒が飲めません。) ／ 她很会买东西。Tā hěn huì mǎi dōngxi. (彼女は買い物上手だ。)

② 可能性を表す「～するはずだ」「～だろう」。実はこちらの使い方のほうが多数派です。よく"会～的"のセットで使われます。

● 他不会说这种话。Tā bú huì shuō zhèi zhǒng huà. (彼がそんなこと言うはずがない。) ／ 天气会好的。Tiānqì huì hǎo de. (天気はよくなるはずだ。)

好像～　～のようだ

「～らしい」「～のように思える」と推量する場合によく使われます。
● 那双鞋看起来好像很贵。Nèi shuāng xié kànqilai hǎoxiàng hěn guì.（あの靴、高そう。）／ 他好像不愿意去。Tā hǎoxiàng bú yuànyi qù.（彼は行きたくないようだ。）

能～　～できる

能力や条件から「できる」というときに使います。否定には "不" も "没" も使えます。
● 能不能便宜点儿? Néng bu néng piányi diǎnr?（少しまけてもらえませんか?）／ 对不起，刚才没能接电话。Duìbuqǐ, gāngcái méi néng jiē diànhuà.（さっきは電話に出られなくてすみません。）

可以～　～できる／～していい

許可されて「～できる」「～していい」というときに使います。"能" と置き換え可能な場合もあります。
● 这儿可以停车吗? Zhèr kěyǐ tíng chē ma?／ 这儿能停车吗? Zhèr néng tíng chē ma?（ここは駐車できますか?）

想～　～したい

願望を表します。否定には "不" を使います。
● 我想吃韩国菜。Wǒ xiǎng chī Hánguócài.（韓国料理を食べたい。）／ 我不想听这种话。Wǒ bù xiǎng tīng zhèi zhǒng huà.（そんな話、聞きたくない。）

要～　～したい／～しなければならない

① 強い願望や意志を表します。否定する場合は "不要" ではなく "不想" を使います。"不要" は禁止の意味になってしまうからです。
● 我要去中国留学。Wǒ yào qù Zhōngguó liúxué.（中国に留学に行きたい。）／ 我不想去打工。Wǒ bù xiǎng qù dǎgōng.（バイトに行きたくない。）
② 義務を表します。否定する場合はやはり "不要" ではなく、"不用" を使います。
● 你要打扫房间。Nǐ yào dǎsǎo fángjiān.（部屋を掃除しないと。）／ 这里不用打扫。Zhèli búyòng dǎsǎo.（ここは掃除しなくていい。）

应该～　～するべきだ

道理から言って「～するべきだ」、あるいは「～するはずだ」というときに使われます。"该" だけで使うこともできます。
● 应该怎么办? Yīnggāi zěnme bàn?（どうすべきかな?）／ 他应该会来。Tā yīnggāi huì lái.（彼は来るはずだ。）

② 覚えておきたい動詞＋目的語のセット 編

"吃"は「食べる」、"喝"は「飲む」という意味ですが、「薬を飲む」を"吃药"と言うように、決まった組み合わせで使われる動詞＋目的語があります。名詞を単独で覚えるのでなく、組み合わされる動詞とセットで覚えておけば実用的です。

吃

吃药 chī yào (薬を飲む)

穿

穿衣服 chuān yīfu (服を着る)、穿裤子 chuān kùzi (ズボンをはく)、穿鞋 chuān xié (靴をはく)

系

系领带 jì lǐngdài (ネクタイを締める)、系安全带 jì ānquándài (シートベルトを締める)

打

打电话 dǎ diànhuà (電話をかける)、打伞 dǎ sǎn (傘をさす)、打招呼 dǎ zhāohu (あいさつをする)

挂

挂电话 guà diànhuà (電話を切る)

戴

戴眼镜 dài yǎnjìng (眼鏡をかける)、戴耳机 dài ěrjī (イヤホンをする)

发

发邮件 fā yóujiàn (メールを送る)、发工资 fā gōngzī (給料が出る)

寄

寄包裹 jì bāoguǒ (小包を送る)

剪

剪指甲 jiǎn zhǐjia (爪を切る)

切

切菜 qiē cài (野菜を切る)

开

开车 kāi chē (車を運転する)、 开灯 kāi dēng (電気をつける)、 开电视 kāi diànshì (テレビをつける)

骑

骑自行车 qí zìxíngchē (自転車に乗る)、 骑摩托车 qí mótuōchē (バイクに乗る)

坐

坐电车 zuò diànchē (電車に乗る)、 坐电梯 zuò diàntī (エレベーターに乗る)

上

上电车 shàng diànchē (電車に乗り込む)

泡

泡温泉 pào wēnquán (温泉に入る)、 泡茶 pào chá (お茶をいれる)

谈

谈恋爱 tán liàn'ài (恋愛をする)

玩儿

玩儿游戏 wánr yóuxì (ゲームをする)

做

做饭 zuò fàn (ご飯を作る、料理をする)、 做梦 zuò mèng (夢を見る)

朝 ／ 早上

朝、目覚ましの音で目覚めてから
身じたくをし、家を出るまでの、
行動や気持ちに関する表現です。
改めて意識すると、
朝の限られた時間の中で
私たちはとてもたくさんのことをこなしています。

単語編 / 单词

朝のシーンに関連する単語を覚えよう！

1 ベッド
2 枕
3 目覚まし時計
4 シーツ
5 カーテン
6 植物
7 トイレ
8 顔
9 歯
10 息
11 ブラシ
12 化粧品
13 コンタクトレンズ
14 眼鏡

1 床 chuáng
2 枕头 zhěntou
3 闹钟 nàozhōng
4 床单 chuángdān
5 窗帘 chuānglián

6 植物 zhíwù
7 厕所 cèsuǒ
8 脸 liǎn
9 牙齿 yáchǐ
10 气息 qìxī

11 刷子 shuāzi
12 化妆品 huàzhuāngpǐn
13 隐形眼镜 yǐnxíng yǎnjìng
14 眼镜 yǎnjìng

⑮ 服（総称）
⑯ スーツ……
⑰ シャツ……
⑲ スカート
⑳ ボタン
㉑ 雨傘
⑱ ネックレス
㉒ 新聞……
㉓ 見出し……
㉗ 朝食
㉘ 食欲
㉕ 目玉焼き
㉔ トーストパン
㉖ スクランブルエッグ

第❶章 朝

第❷章 通勤

第❸章 仕事

第❹章 家事

第❺章 買い物・用事

第❻章 外食

第❼章 レジャー

第❽章 夜

⑮ 衣服 yīfu
⑯ 西装 xīzhuāng
⑰ 衬衫 chènshān
⑱ 项链 xiàngliàn
⑲ 裙子 qúnzi
⑳ 纽扣 niǔkòu
㉑ 雨伞 yǔsǎn
㉒ 报纸 bàozhǐ
㉓ 标题 biāotí
㉔ 吐司 tǔsī
㉕ 煎鸡蛋 jiānjīdàn
㉖ 炒鸡蛋 chǎojīdàn
㉗ 早餐 zǎocān
㉘ 食欲 shíyù

動作表現 / 各种活动

朝にまつわる動作を中国語で言ってみよう！

---

1. 目覚ましの音を聞く。

听闹钟铃声。

Tīng nàozhōng língshēng.

---

2. 目が覚める。

醒来。

Xǐnglái.

---

3. 起きる。

起床。

Qǐchuáng.

---

4. 目覚まし時計を止める。

关闭闹钟。

Guānbì nàozhōng.

---

5. 二度寝する。

睡回笼觉。

Shuì huílóngjiào.

ポイント

1. "闹"「うるさい」＋"钟"「時計」で「目覚まし時計」のこと。"钟"は持ち歩かないタイプの時計。P.30の**3**も参照。

2. "醒来"はもともと動詞＋方向補語だが、1語の動詞のようになっている。意識が「戻ってくる」というイメージ。

4. "关闭"は「閉める」「（スイッチを）切る」の意味を持つ。

5. "回笼"は肉まんなどをせいろで蒸し直すこと。"睡回笼觉"は温かい布団に戻って寝るイメージ。

【補語】動詞や形容詞の後に置かれ、動作行為の結果や状況について詳しく補足説明する成分のこと。方向補語・結果補語・可能補語・様態補語などがある。英語の補語とは違うもの。

第①章
朝

第②章
通勤

第③章
仕事

第④章
家事

第⑤章
買い物・
用事

第⑥章
外食

第⑦章
レジャー

第⑧章
夜

ポイント

6. "跳" は「ジャンプする」。方向補語 "起来" はその場で下から上へ動くイメージ。

7. "收拾" は「片づける」。例）"收拾房间 shōushi fángjiān"「部屋を片づける」。

8. "拉"「引っ張る」+ "开"「開ける」。カーテンを「閉める」なら "拉上 lāshang"。

9. 「トイレ」は直接表現を避けて "洗手间 xǐshǒujiān" "卫生间 wèishēngjiān" とも。

10. この "冲" は「水で押し流す」の意味。次の **11** も同じ。

---

6. ベッドから飛び起きる。

从床上跳起来。

Cóng chuángshang tiàoqilai.

---

7. ベッドを整える。

收拾床铺。

Shōushi chuángpù.

---

8. カーテンを開ける。

拉开窗帘。

Lākāi chuānglián.

---

9. トイレに行く。

去厕所。

Qù cèsuǒ.

---

10. トイレを流す。

冲厕所。

Chōng cèsuǒ.

11＿ シャワーを浴びる。
冲澡。
Chōngzǎo.

12＿ 顔を洗う。
洗脸。
Xǐliǎn.

13＿ 歯を磨く。
刷牙。
Shuāyá.

14＿ 髪にブラシをかける。
梳头。
Shūtóu.

15＿ 髪をセットする。
做发型。
Zuò fàxíng.

ポイント

11＿「お風呂に入る」なら"洗澡 xǐzǎo"。

13＿"牙"は「牙」ではなく「歯」のこと。

15＿"发"が「髪」の意味を表す場合は第4声で読む。"出发 chūfā"「出発する」のような場合は第1声。

ポイント

17_ "戴眼镜"「眼鏡をかける」をコンタクトにも応用。"戴"は「のせる」イメージ。例）"戴帽子 dài màozi"「帽子をかぶる」。

19_ "看"は"看电视 kàn diànshì"「テレビを見る」、"看电影 kàn diànyǐng"「映画を見る」などにも使える。

20_ "浏览"は「ざっと見る」。「じっくり読む」なら"熟读 shúdú" "精读 jīngdú"。

16_ 服を着る。

穿衣服。

Chuān yīfu.

17_ コンタクトレンズを入れる。

戴隐形眼镜。

Dài yǐnxíng yǎnjìng.

18_ お化粧する。

化妆。

Huàzhuāng.

19_ 新聞を読む。

看报。

Kàn bào.

20_ 新聞の見出しをざっと読む。

浏览报纸的标题。

Liúlǎn bàozhǐ de biāotí.

第**①**章
朝

第**②**章
通勤

第**③**章
仕事

第**④**章
家事

第**⑤**章
買い物・
用事

第**⑥**章
外食

第**⑦**章
レジャー

第**⑧**章
夜

21 運動をする。

运动。
Yùndòng.

22 コーヒーをいれる。

冲咖啡。
Chōng kāfēi.

23 トースターでパンを焼く。

用多士炉烘烤面包。
Yòng duōshìlú hōngkǎo miànbāo.

24 家族と朝食をとる。

和家人吃早餐。
Hé jiārén chī zǎocān.

25 朝食を抜く。

不吃早餐。
Bù chī zǎocān.

ポイント

22 "冲"には熱湯などを「注ぐ」という意味もある。

23 「トースターで＝トースターを使って」なので、道具や手段を示す介詞"用"を使う。

24 介詞"和"は一緒に動作をする相手に使う。"和家人"で「家族と」。

25 "不吃"は自分の意思で「食べない」場合。「食べなかった」なら"没吃 méi chī"と言う。

【介詞】英語の前置詞に似た働きをするので、教科書によっては前置詞と呼ぶ。場所（〜で）・対象（〜に）・起点（〜から）などを表すのに使われる。ただ、中国語の介詞フレーズは動詞の前に置かれる点が英語との大きな違い。

第**①**章
朝

第**②**章
通勤

第**③**章
仕事

第**④**章
家事

第**⑤**章
買い物・
用事

第**⑥**章
外食

第**⑦**章
レジャー

第**⑧**章
夜

ポイント

26. "给" は動作を受ける相手を示す介詞。

27. "喂" は「食べ物を与える」という意味。

28. この "关闭" は「閉める」の意味。

29. 漢字1文字ずつの意味は「窓を閉め、ドアに鍵をかける」。

30. "带" は身につけて持つこと。

26. 植物に水をやる。
给植物浇水。
Gěi zhíwù jiāo shuǐ.

27. 猫にえさをやる。
喂猫。
Wèi māo.

28. ガスの元栓を閉める。
关闭煤气的总阀门。
Guānbì méiqì de zǒngfámén.

29. 戸締まりをする。
关窗锁门。
Guān chuāng suǒ mén.

30. 傘を持って行く。
带伞去。
Dài sǎn qù.

つぶやき表現 / 自言自语

忙しく身支度をする朝のつぶやき

①

まだ眠いなあ。

我还困着呢。

Wǒ hái kùn zhene.

> "还" は「まだ」。"着呢" は気持ちを強調するイメージ。

②

ああ、この枕やわらかくて気持ちいい。

哇，这个枕头软软的好舒服。

Wa, zhèige zhěntou ruǎnruǎn de hǎo shūfu.

> "好"＋形容詞で「とても～だ」。感嘆する場合が多い。

③

あ、時計が遅れてる！

哎呀，表慢了！

Āiyā, biǎo màn le!

> "表" は持ち歩く時計。"手表 shǒubiǎo"「腕時計」、"怀表 huáibiǎo"「懐中時計」
> など。

④

もう7時だ！

已经七点了！

Yǐjīng qī diǎn le!

> 文末の"了"で、その時間に「なった」ことを表す。

第❶章
朝

第❷章
通勤

第❸章
仕事

第❹章
家事

第❺章
買い物・
用事

第❻章
外食

第❼章
レジャー

第❽章
夜

5

しまった、寝過ごした！

糟了，睡过头了！

Zāo le, shuìguòtóu le!

> 丸覚え
> 表現
>
> 睡过头了。(寝過ごしちゃった。)
> Shuìguòtóu le.
>
> "过头" は「限度を超える」という意味。ほかに "饿过头 èguòtóu"「お腹が空き過ぎる」、
> "说过头 shuōguòtóu"「言い過ぎる」など。

"糟了" は "糟糕 zāogāo" とも言う。

6

朝型人間じゃないんだよねえ。

我不是早起型的人。

Wǒ bú shì zǎoqǐxíng de rén.

「夜型 (人間)」は "晚睡型 wǎnshuìxíng"。

7

シーツ取り替えなきゃ。

我得换床单。

Wǒ děi huàn chuángdān.

この "得" は助動詞「～しなければならない」で "děi" と発音する。

8

どうやら二日酔いみたい。

好像酒还没有醒呢。

Hǎoxiàng jiǔ hái méiyǒu xǐng ne.

"好像～"は「～のようだ」。"还没有醒"は「まだ覚めていない」。

9

ああ、めまいがするよ。

哎呀，我觉得头晕。

Āiyā, wǒ juéde tóuyūn.

"觉得～"は「～と感じる」で、いろいろな感情や感覚を表すのに使える。

10

うえー、息が臭い。

哎哟，呼出的气息真难闻。

Āiyō, hūchu de qìxī zhēn nánwén.

"难"＋動詞は、その動作をして嫌な感じがすることを表す。"闻"は「聞く」ではなく「嗅ぐ」。"难闻"で「嗅いで嫌な感じがする＝臭い」となる。

11

晴れてるといいなあ。

但愿是个晴天。

Dànyuàn shì ge qíngtiān.

"但愿～"は「ひたすら～を願う」。"是个"は"是一个"の略。

32

⑫

いい天気だ！

天气真好！

Tiānqì zhēn hǎo!

> 実感が強くこもっている文なので"真"「本当に」を使う。"天气好"だけだと文として不完全なので注意。

第①章
朝

第②章
通勤

第③章
仕事

第④章
家事

第⑤章
買い物・
用事

第⑥章
外食

第⑦章
レジャー

第⑧章
夜

⑬

やだ、また雨だよ！

真烦人，又下雨了！

Zhēn fánrén, yòu xià yǔ le!

> "烦人"は「人を煩わせる＝嫌だ」。

⑭

今朝は寒いなあ。

今天早上真冷啊。

Jīntiān zǎoshang zhēn lěng a.

> "冷"は「寒い」「冷たい」両方に使える。同様に"热 rè"は「暑い」「熱い」両方に使える。

⑮

まだ外は暗いよ。

外面天还没有亮。

Wàimiàn tiān hái méiyǒu liàng.

> "天亮"は「夜が明ける」、"还没有〜"は「まだ〜していない」。

16

トイレがふさがってる〜。

厕所有人。

Cèsuǒ yǒu rén.

"〜有人" は「ある場所に (誰かわからないけど) 人がいる」ということ。誰かわかっている場合は例えば "他在 tā zài 〜"「彼は〜にいる」のように言う。

17

〈ヒゲをそりながら〉いたっ！ 切っちゃった。

好疼，划伤皮肤了！

Hǎo téng, huáshāng pífū le!

"划伤" は動詞＋結果補語。"划"「すーっと切る」という動作の結果、"伤"「傷つく」という状態になったことを表す。

18

お気に入りのネックレスはどこかしら？

我喜欢的那条项链放哪儿了呢？

Wǒ xǐhuan de nèi tiáo xiàngliàn fàng nǎr le ne?

"条" は細長いものを数える量詞で、ここではネックレスを数えるのに使われている。"那条" で「あの (1本の)」。

19

今日の私、キマッてる！

今天的打扮，不错啊！

Jīntiān de dǎban, búcuò a!

"打扮" は「身なり」、"不错" は「悪くない」から積極的に「いい」まで幅がある。

20

このシャツ、シワシワだ。

这件衬衫皱巴巴的。

Zhèi jiàn chènshān zhòubābā de.

"件" はシャツや上着を数える量詞。"皱巴巴" は「シワシワ」「しわくちゃ」。

21

このスカートきついわ。

这条裙子有点儿紧了。

Zhèi tiáo qúnzi yǒudiǎnr jǐn le.

量詞 "条" は、スカートやズボンを数えるのにも使う。

22

あれ、ボタンが一つない。

哎呀，少了一个扣子。

Āiyā, shǎole yí ge kòuzi.

"少" に変化を表す "了" がついて「少なくなった」「減った」。

23

コーヒー飲みたいな。

真想喝咖啡。

Zhēn xiǎng hē kāfēi.

助動詞 "想" は願望を表す。

第 **1** 章
朝

第 **2** 章
通勤

第 **3** 章
仕事

第 **4** 章
家事

第 **5** 章
買い物・
用事

第 **6** 章
外食

第 **7** 章
レジャー

第 **8** 章
夜

24

うわっ！ コーヒー熱過ぎ！

哇，咖啡太烫了！

Wa, kāfēi tài tàng le!

"太 ～ 了"の間に形容詞を入れると「すごく ～ だ」。

25

目玉焼きよりスクランブルエッグがいい。

比起煎鸡蛋，我更喜欢吃炒鸡蛋。

Bǐqi jiānjīdàn, wǒ gèng xǐhuan chī chǎojīdàn.

"比起B，更喜欢A"で「BよりAが好き」という比較。"A比B ～""「AはBより ～ だ」の比較文はここでは使えない。

26

全然食欲ないよ。

一点儿食欲都没有。

Yìdiǎnr shíyù dōu méiyǒu.

"一点儿 ～ 都没有"は「少しの ～ もない」。

27

猫のえさの皿が空っぽだ。

猫食盆空了。

Māoshípén kōng le.

この "食" は動物の「えさ」。

28

何か面白いニュースあるかな？

有没有什么有趣的新闻呢？

Yǒu méiyǒu shénme yǒuqù de xīnwén ne?

"有没有"は肯定形＋否定形を並べた反復疑問文。

29

やった！ 夕べはジャイアンツが勝った。

太好啦，昨天晚上巨人队赢了！

Tài hǎo la, zuótiān wǎnshang Jùrénduì yíng le!

"太 ～ 啦"は"太 ～ 了"と意味は同じ。"啦"は"了 le ＋啊 a"で発音が変化したもの。

30

ガスの元栓閉めたかな。

煤气的总阀门关了没有呢？

Méiqì de zǒngfámén guān le méiyǒu ne?

"关了没有"は"关了没有关"の略で、反復疑問文の1つ。

第❶章
朝

第❷章
通勤

第❸章
仕事

第❹章
家事

第❺章
買い物・
用事

第❻章
外食

第❼章
レジャー

第❽章
夜

やってみよう／试试看

第1章に出てきたフレーズの復習です。
以下の日本語の意味になるよう中国語を完成させてください。答えはページの下にあります。

① 顔を洗う。 ➡ P026
洗（　　　）。

② 歯を磨く。 ➡ P026
（　　　）牙。

③ 髪をセットする。 ➡ P026
（　　　）发型。

④ 植物に水をやる。 ➡ P029
（　　　）植物浇水。

⑤ あ、時計が遅れてる！ ➡ P030
哎呀，表（　　　）了!

⑥ まだ外は暗いよ。 ➡ P033
外面（　　　）还没有亮。

⑦ トイレがふさがってる〜。 ➡ P034
厕所（　　　）。

⑧ このスカートきついわ。 ➡ P035
这（　　　）裙子有点儿紧了。

⑨ うわっ！ コーヒー熱過ぎ！ ➡ P036
哇，咖啡（　　　）烫（　　　）!

⑩ 何か面白いニュースあるかな？ ➡ P037
有没有什么有趣的（　　　）呢？

答え
① 脸
② 刷
③ 做
④ 给
⑤ 慢
⑥ 天
⑦ 有人
⑧ 条
⑨ 太/了
⑩ 新闻

第 **2** 章

通勤 ／ 上下班

家を出て、職場に着くまでの通勤の関連表現です。
駅の改札を通って込んだ電車に揺られながら、
あるいは自動車に乗って渋滞にうんざりしつつ
勤め先に向かう道のり。
一見単調ですが、ちょっとしたアクシデントや
ドラマが生まれたりもするひとときです。

単語編 / 单词

通勤のシーンに関連する単語を覚えよう!

❶ 路線
❷ 駅
❸ 停車駅
❻ プラットホーム
❼ 売店
❹ 階段
❺ 電車
❽ 券売機
❾ 定期券
❿ IC カード

❶ 线路 xiànlù
❷ 车站 chēzhàn
❸ 停靠站 tíngkàozhàn
❹ 台阶 táijiē
❺ 电车 diànchē
❻ 站台 zhàntái
❼ 售货亭 shòuhuòtíng

❽ 自动售票机 zìdòng shòupiàojī
❾ 月票 yuèpiào
❿ 一卡通 yìkǎtōng

⑪ 各駅停車の列車
⑫ 急行
⑬ 広告
⑭ 網棚
⑮ 席
⑯ 靴
⑰ 信号
⑱ 横断歩道
⑲ 自転車
⑳ バイク
㉑ エンジン
㉒ ブレーキ
㉓ シートベルト
㉔ 渋滞
㉕ 駐車場
㉖ 近所の人

第❶章 朝

第❷章 通勤

第❸章 仕事

第❹章 家事

第❺章 買い物・用事

第❻章 外食

第❼章 レジャー

第❽章 夜

⑪ 慢车 mànchē
⑫ 快车 kuàichē
⑬ 广告 guǎnggào
⑭ 行李架 xínglijià
⑮ 座位 zuòwèi
⑯ 鞋 xié
⑰ 信号灯 xìnhàodēng

⑱ 人行横道 rénxíng héngdào
⑲ 自行车 zìxíngchē
⑳ 摩托车 mótuōchē
㉑ 发动机 fādòngjī
㉒ 刹车 shāchē
㉓ 安全带 ānquándài
㉔ 交通堵塞 jiāotōng dǔsè

㉕ 停车场 tíngchēchǎng
㉖ 邻居 línjū

動作表現 / 各种活动

通勤にまつわる動作を中国語で言ってみよう！

---

1. 靴をはく。
穿鞋。
Chuān xié.

2. 家を出る。
出门。
Chūmén.

3. 急いで家を出る。
急急忙忙地出门。
Jíjímángmáng de chūmén.

4. 近所の人にあいさつする。
跟邻居打招呼。
Gēn línjū dǎ zhāohu.

5. 仕事に行く。
去上班。
Qù shàngbān.

6. 駅まで歩いて行く。
走着去车站。
Zǒuzhe qù chēzhàn.

ポイント

1. 靴を「はく」、服を「着る」はどちらも"穿"。

3. 「急いで(～する)」のような連用修飾語を作るために"地"を使う。

4. この"跟"は動作の対象を示す介詞。

5. "上班"だけでも「出勤する」だが、"去"「行く」をつけるほうが自然。

6. 「歩く」は"走"。"走着～"だと「歩いて～する」になる。

42

第❶章
朝

第❷章
通勤

第❸章
仕事

第❹章
家事

第❺章
買い物・
用事

第❻章
外食

第❼章
レジャー

第❽章
夜

ポイント

9₋「乗る」は自転車や馬など「またがる」場合は"骑"。タクシーや電車なら"坐 zuò"。

10₋"蹬"は「(足で) 踏む」が本来の意味。

7₋ 横断歩道を渡る。

过人行横道。

Guò rénxíng héngdào.

8₋ 信号が変わるのを待つ。

等信号灯。

Děng xìnhàodēng.

9₋ 自転車に乗って駅まで行く。

骑自行车去车站。

Qí zìxíngchē qù chēzhàn.

10₋ 自転車をこぐ。

蹬自行车。

Dēng zìxíngchē.

11 売店で新聞を買う。

在售货亭买报纸。

Zài shòuhuòtíng mǎi bàozhǐ.

12 ICカードをチャージする。

给一卡通充值。

Gěi yìkǎtōng chōngzhí.

13 自動改札に定期券をかざす。

把月票靠近自动检票机的读卡器。

Bǎ yuèpiào kàojìn zìdòng jiǎnpiàojī de dúkǎqì.

14 プラットホームで電車を待つ。

在站台等电车。

Zài zhàntái děng diànchē.

ポイント

11 「売店で」には場所を示す介詞"在"を使う。

12 「ICカードを」は「ICカードに」と考え、動作の受け手を示す介詞"给"を使う。

13 ものを移動・変化させる場合の「〜を」には、よく介詞"把"を使う。介詞フレーズは動詞より前に置くこと、動詞には補語や"了"などがつくことに注意。

第①章
朝

第❷章
通勤

第❸章
仕事

第❹章
家事

第❺章
買い物・
用事

第❻章
外食

第❼章
レジャー

第❽章
夜

ポイント

15 同じ「乗る」でも、「乗り込む」という動きがある場合には"上"を使う。

16 この"找"は「探す」の意味。p.118の**13**も参照。

18 "放"は「置く」で、どこに置くかを"到"以降で表す。

20 簡単に"换车"とも言える。

15 電車に乗る。
上电车。
Shàng diànchē.

16 席を探す。
找座位。
Zhǎo zuòwèi.

17 おばあさんに席を譲る。
给老奶奶让座。
Gěi lǎonǎinai ràngzuò.

18 網棚にかばんを載せる。
把包放到行李架上。
Bǎ bāo fàngdào xínglijiàshang.

19 車内広告を見る。
看车内广告。
Kàn chēnèi guǎnggào.

20 電車を乗り換える。
换乘电车。
Huànchéng diànchē.

21 別の線に乗り換える。

换乘其它线路的车。

Huànchéng qítā xiànlù de chē.

22 駅で降り損ねる。

坐过站了。

Zuòguò zhàn le.

23 駅で電車を降りる。

到站下车。

Dào zhàn xià chē.

24 車で仕事に行く。

开车去上班。

Kāichē qù shàngbān.

25 安全運転をする。

安全驾驶。

Ānquán jiàshǐ.

ポイント

22 「降り損ねる＝乗り過ごす」なので"过"を使う。

24 「車で」は「車を運転して」"开车"と言う。人が運転する車に乗るなら"坐车 zuò chē"。

25 「運転する」は"驾驶"とも。「運転免許証」は"驾驶证 jiàshǐzhèng"。

第❶章
朝

第❷章
通勤

第❸章
仕事

第❹章
家事

第❺章
買い物・
用事

第❻章
外食

第❼章
レジャー

第❽章
夜

ポイント

26 「かける」は機械を「起動する」ことなので"启动"を使う。"启动电脑 qǐdòng diànnǎo"「パソコンを立ち上げる」など。

27 ベルトやネクタイを「締める」場合の"系"は"jì"と発音。

30 "停"は「止める」。どこに止めるかを"在"以降で表す。

---

26 エンジンをかける。
启动发动机。
Qǐdòng fādòngjī.

---

27 シートベルトを締める。
系安全带。
Jì ānquándài.

---

28 スピードを上げる。
加速。
Jiāsù.

---

29 バイクを追い抜く。
超摩托车。
Chāo mótuōchē.

---

30 職場の駐車場に車を止める。
把车停在公司的停车场。
Bǎ chē tíngzài gōngsī de tíngchēchǎng.

つぶやき表現 / 自言自语

慌ただしい通勤中のつぶやき

1

雨の中、歩くのはいやだなあ。

真不喜欢在雨中行走。

Zhēn bù xǐhuan zài yǔzhōng xíngzǒu.

"走"だけでも「歩く」だが、2文字だとリズムがよい。

2

階段を上るのはいやだなあ。

真不愿意上台阶。

Zhēn bú yuànyi shàng táijiē.

3

〈階段を上りながら〉これ、疲れるなあ。

这可真累人啊。

Zhè kě zhēn lèi rén a.

"可"を使うとさらに意味が強まる。"累人"は「人を疲れさせる」。

4

この券売機、故障してる。

这台自动售票机坏了。

Zhèi tái zìdòng shòupiàojī huài le.

"坏了"は「壊れた」のほか「壊れている」という場合にも使える。

第❶章
朝

第❷章
通勤

第❸章
仕事

第❹章
家事

第❺章
買い物・
用事

第❻章
外食

第❼章
レジャー

第❽章
夜

5

うそっ、違う電車に乗っちゃった！

不会吧！上错车了！

Bú huì ba! Shàngcuò chē le!

"不会" は「あり得ない」。"上"「(車に) 乗る」に結果補語 "错"「間違える」がついている。

6

あ、定期、明日切れちゃう。

哦，月票明天就到期了。

Ò, yuèpiào míngtiān jiù dàoqī le.

"就 ～ 了"で「もうすぐ ～ だ」。「(定期が) 切れる」は "到期"。

7

IC カードをチャージしなくちゃ。

得给一卡通充值。

Děi gěi yìkǎtōng chōngzhí.

"一卡通" はいろいろな交通機関に乗れるカードのことで、"卡" は英語の card の音訳。

8

あー、もうちょっとのところで乗り遅れちゃった。

嗳，就差一步没赶上那趟车。

Ài, jiù chà yí bù méi gǎnshang nèi tàng chē.

> 丸覚え　没赶上车。(乗り遅れちゃった。)
> 表現　Méi gǎnshang chē.
>
> "赶上"「間に合う」の否定形としては、動詞＋方向補語の間に "不" を挟んだ "赶不上"「間に合わない」という可能補語の形もあるが、今「間に合わなかった」なら"没赶上"。

"差一步" は「あと1歩」。

9

うぇー、込んでる電車に乗るのやだなあ。

烦人！ 真不想坐拥挤的电车。

Fánrén! Zhēn bù xiǎng zuò yōngjǐ de diànchē.

"烦人" は「人を煩わせる＝いやだ」。

10

各停に乗っていこうかな？　いやだめだ、遅刻しちゃうよ。

坐慢车去吧？ 不行，会迟到的。

Zuò mànchē qù ba? Bùxíng, huì chídào de.

> 丸覚え　会迟到的。(遅刻しちゃう。)
> 表現　Huì chídào de.
>
> "会 ～ 的" は「 ～ するだろう」。

助けて！ 息ができない！

救救我！ 我无法呼吸！

Jiùjiu wǒ! Wǒ wúfǎ hūxī!

"无法 ～"は「～できない」。

電車の中が蒸し暑い。

电车里太闷热了。

Diànchēli tài mēnrè le.

"热"は「暑い」、"闷热"は「蒸し暑い」。

あ、おばあさんが前に立ってる。

哟，一位老奶奶站在我面前。

Yō, yí wèi lǎonǎinai zhànzài wǒ miànqián.

"位"は敬意を持って人を数える量詞。

このバスの運転手、運転が乱暴だ。

这个汽车司机开车真粗暴。

Zhèige qìchē sījī kāichē zhēn cūbào.

"汽车"は自動車。「バス」とはっきり言うなら"公交车 gōngjiāochē"、「タクシー」なら"出租车 chūzūchē"。

第❶章
朝

第❷章
通勤

第❸章
仕事

第❹章
家事

第❺章
買い物・
用事

第❻章
外食

第❼章
レジャー

第❽章
夜

降りまーす！

我要下车！
Wǒ yào xià chē!

> 丸覚え表現　我要下车！（降りまーす！）
> 　　　　　Wǒ yào xià chē!

黙って人を押しのけるのではなく、"我要下车！"とはっきり伝えよう。

助動詞 "要" は強く「〜したい」という意味を表す。

16

渋滞がひどいなあ。

堵车太严重了。
Dǔchē tài yánzhòng le.

17

朝の渋滞、やだなあ。

真讨厌早上堵车。
Zhēn tǎoyàn zǎoshang dǔchē.

具体的な対象を示さず "真讨厌！" とだけ言うこともできる。

18

エンジンがなかなかかからないよ。

发动机怎么也启动不起来。
Fādòngjī zěnme yě qǐdòngbuqǐlái.

"怎么也" は「どうやっても」。"启动不起来" は動詞＋方向補語の間に "不" を挟んだ可能補語。

なんだかブレーキがききにくいみたい。

刹车好像不灵敏。

Shāchē hǎoxiàng bù língmǐn.

"好像 ～" は「～のようだ」。

第**①**章
朝

第**②**章
通 勤

第**③**章
仕事

第**④**章
家事

第**⑤**章
買い物・
用事

第**⑥**章
外食

第**⑦**章
レジャー

第**⑧**章
夜

20

どこに車止められるかな？

哪儿可以停车呢？

Nǎr kěyǐ tíngchē ne?

21

さあ、もう少しで会社だ。

哦，快到公司了。

Ò, kuài dào gōngsī le.

"快 ～ 了" で「もうすぐ ～ する」。

やってみよう ／ 试试看

第2章に出てきたフレーズの復習です。
以下の日本語の意味になるよう中国語を完成させてください。答えはページの下にあります。

❶ 信号が変わるのを待つ。 `→P043`
（　　　）信号灯。

❷ 自転車に乗って駅まで行く。 `→P043`
（　　　）自行车去（　　　）。

❸ 電車を乗り換える。 `→P045`
（　　　）电车。

❹ 車で仕事に行く。 `→P046`
（　　　）去上班。

❺ この券売機、故障してる。 `→P048`
这台自动售票机（　　　）了。

❻ あ、定期、明日切れちゃう。 `→P049`
哦，（　　　）明天就到期了。

❼ ICカードをチャージしなくちゃ。 `→P049`
得给一卡通（　　　）。

❽ 各停に乗っていこうかな？　いやだめだ、遅刻しちゃうよ。 `→P050`
坐慢车去吧？不行，会（　　　）的。

❾ 電車の中が蒸し暑い。 `→P051`
电车里太（　　　）了。

❿ 渋滞がひどいなあ。 `→P052`
（　　　）太严重了。

答え
❶ 等
❷ 骑 / 车站
❸ 换乘
❹ 开车
❺ 坏
❻ 月票
❼ 充值
❽ 迟到
❾ 闷热
❿ 堵车

仕事 ／ 工作

起きている間は、オフィスで過ごす時間が
最も長い、という人もけっこういるのでは?
細かい事務仕事をしたり、会議でやり合ったり
クライアントと交渉したり。
あるいは、オフィス内の人間関係にもまれたり。
やることも考えることも多いですよね。

単語編 / 单词

仕事のシーンに関連する単語を覚えよう！

① 仕事   ④ 通話   ⑦ コピー機
② 割り当て仕事   ⑤ 回線
③ 管理職   ⑥ 電話

⑧ 同僚

⑨ 机の引き出し   ⑩ 新人   ⑫ ソフト   ⑪ パソコン

① 工作 gōngzuò

② 分配工作 fēnpèi gōngzuò

③ 管理人员 guǎnlǐ rényuán

④ 通话 tōnghuà

⑤ 电话线 diànhuàxiàn

⑥ 电话 diànhuà

⑦ 复印机 fùyìnjī

⑧ 同事 tóngshì

⑨ 桌子抽屉 zhuōzi chōuti

⑩ 新员工 xīn yuángōng

⑪ 电脑 diànnǎo

⑫ 软件 ruǎnjiàn

⑬ 企画・提案
⑭ 事業計画
⑮ 発表
⑯ 上司
⑰ 補佐
⑱ 休暇 　⑲ 休憩
⑳ 請求書
㉓ 給料日
㉔ 給与
㉕ 顧客
㉖ 名刺
㉑ 予算
㉒ 経費
㉗ 書類
㉘ 契約
㉙ 消費者

第❶章 朝

第❷章 通勤

第❸章 仕事

第❹章 家事

第❺章 買い物・用事

第❻章 外食

第❼章 レジャー

第❽章 夜

⑬ 计划・建议 jìhuà・jiànyì
⑭ 经营规划 jīngyíng guīhuà
⑮ 演示内容 yǎnshì nèiróng
⑯ 上司／领导 shàngsi／lǐngdǎo
⑰ 助理 zhùlǐ
⑱ 休假日 xiūjiàrì

⑲ 休息 xiūxi
⑳ 账单 zhàngdān
㉑ 预算 yùsuàn
㉒ 经费 jīngfèi
㉓ 发工资日 fā gōngzī rì
㉔ 工资 gōngzī
㉕ 客户／顾客 kèhù／gùkè

㉖ 名片 míngpiàn
㉗ 文件 wénjiàn
㉘ 合同 hétong
㉙ 消费者 xiāofèizhě

動作表現 / 各种活动

仕事にまつわる動作を中国語で言ってみよう！

---

1. エレベーターに乗る。
坐电梯。
Zuò diàntī.

2. 制服に着替える。
换上制服。
Huànshang zhìfú.

3. 同僚にあいさつをする。
跟同事打招呼。
Gēn tóngshì dǎ zhāohu.

4. 席に着く。
在座位上坐下。
Zài zuòwèishang zuòxia.

5. スケジュールを確認する。
确认日程安排。
Quèrèn rìchéng ānpái.

ポイント

1. 乗り物に「乗る」は座席がなくても"坐"。

2. 単に「着替える」は"换衣服 huàn yīfu"。具体的に「～に着替える」は目的への到達を表す方向補語"上"を使うとよい。

4. "在～上"で「～の上に」。"坐下"は動詞＋方向補語で、「腰を下ろす」イメージ。

第❶章
朝

第❷章
通勤

第❸章
仕事

第❹章
家事

第❺章
買い物・
用事

第❻章
外食

第❼章
レジャー

第❽章
夜

ポイント

6. この"打开"は「開ける」。
p.60の**11**も参照。

7. ものを移動させる場合
はよく介詞"把"を使う。"归
档"は書類などを整理して
納めること。

8. "复印"は意訳。音訳の
"拷贝 kǎobèi"はパソコン
のデータなどにも使える。

9. 紙の書類の枚数を数え
るときの量詞は"张"を使う。

6. 机の引き出しを開ける。
打开桌子抽屉。
Dǎkāi zhuōzi chōuti.

7. 書類をファイルする。
把文件归档。
Bǎ wénjiàn guīdàng.

8. コピーをとる。
复印。
Fùyìn.

9. 書類を1枚スキャンする。
扫描一张文件。
Sǎomiáo yì zhāng wénjiàn.

10. 経費の計算をする。
计算经费。
Jìsuàn jīngfèi.

11_ パソコンの電源を入れる。
打开电脑。
Dǎkāi diànnǎo.

12_ パソコンを再起動する。
重启电脑。
Chóngqǐ diànnǎo.

13_ ソフトをインストールする。
安装软件。
Ānzhuāng ruǎnjiàn.

14_ マウスの右ボタンをクリックする。
单击鼠标右键。
Dānjī shǔbiāo yòujiàn.

15_ データをパソコンに入力する。
把数据输入电脑。
Bǎ shùjù shūrù diànnǎo.

ポイント

12_ "重"は「もう一度」の意味なので"zhòng"でなく"chóng"と読む。

13_「アプリ」なら"应用软件 yìngyòng ruǎnjiàn"あるいは"App"。

14_「ダブルクリック」は"双击 shuāngjī"、「左ボタン」は"左键 zuǒjiàn"。

15_ "输入"は「輸入する」ではなく「入力する」。
例)"输入密码 shūrù mìmǎ"「パスワードを入力する」。

17. "备份"には「バックアップをとる」あるいは「予備」の意味もあるが、"文件备份"がパソコン用語としての慣用表現。

19. 企業などの「サイト」は"网站"、「webページ」は"网页"。区別が曖昧な場合も。

20. 「ブラウザ」は"浏览器 liúlǎnqì"と言う。

16. ファイルを保存する。
保存文件。
Bǎocún wénjiàn.

17. ファイルのバックアップをとる。
文件备份。
Wénjiàn bèifèn.

18. パソコンの電源を切る。
关闭电脑。
Guānbì diànnǎo.

19. サイトにアクセスする。
访问网站。
Fǎngwèn wǎngzhàn.

20. ネットを閲覧する。
浏览网页。
Liúlǎn wǎngyè.

第❶章
朝

第❷章
通勤

第❸章
仕事

第❹章
家事

第❺章
買い物・
用事

第❻章
外食

第❼章
レジャー

第❽章
夜

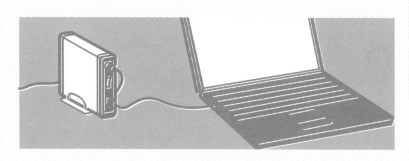

21_ メールを送る。

发电子邮件。
Fā diànzǐ yóujiàn.

ポイント

21_ メールなどを「送る」は
"发"、郵送するなら"寄
jì"。

22_ "推特"は音訳で、そこ
に投稿する文だから"推
文"。

25_ "转"は「転送する」で、
送り先を"给"以下で表す。

22_ ツイッターに投稿する。

在推特上发推文。
Zài Tuītèshang fā tuīwén.

23_ 電話をかける。

打电话。
Dǎ diànhuà.

24_ 電話で話す。

在电话里交谈。
Zài diànhuàli jiāotán.

25_ 電話を上司に回す。

把电话转给上司。
Bǎ diànhuà zhuǎngěi shàngsi.

第❶章
朝

第❷章
通勤

第❸章
仕事

第❹章
家事

第❺章
買い物・
用事

第❻章
外食

第❼章
レジャー

第❽章
夜

ポイント

27_ "挂" の本来の意味は「掛ける」。昔の電話は切るときに受話器をフックに掛けたことの名残り。

28_ "参加" は「出席する」「出場する」「参列する」などに使えて便利な言葉。

29_ "演示" は「デモンストレーション」「プレゼンテーション」の意味。

26_ メッセージを残す。

留言。

Liúyán.

27_ 電話を切る。

挂电话。

Guà diànhuà.

28_ 会議に出る。

参加会议。

Cānjiā huìyì.

29_ 発表をする。

进行业务演示。

Jìnxíng yèwù yǎnshì.

30_ 企画を出す。

提交计划书。

Tíjiāo jìhuàshū.

31. 顧客とアポを取る。

与客户约见面时间。

Yǔ kèhù yuē jiànmiàn shíjiān.

32. 顧客にあいさつする。

问候客户。

Wènhòu kèhù.

33. 顧客と名刺交換する。

与客户交换名片。

Yǔ kèhù jiāohuàn míngpiàn.

34. 自己紹介する。

自我介绍。

Zìwǒ jièshào.

ポイント

31. "与"の代わりに"和 hé"や"跟 gēn"を使っても よい。**33**も同じ。"约"は「約 束する」。

32. 方向を表す介詞を使っ て"向客户问候 xiàng kèhù wènhòu"と言い換え ることもできる。

34.「自己紹介をする」は "做自我介绍 zuò zìwǒ jièshào"と言ってもよい。

第❶章
朝

第❷章
通勤

第❸章
仕事

第❹章
家事

第❺章
買い物・
用事

第❻章
外食

第❼章
レジャー

第❽章
夜

ポイント

36 "进行谈判" は「交渉
をする」、"合同" は「契約」。

37 書類などに「サインす
る」は"签字 qiānzì"と言う。

39 動作を一緒に行う相
手を示す"和"を使う。

40 「残業代」は"加班费
jiābānfèi"。

35 部下を顧客に紹介する。
给客户介绍下属。
Gěi kèhù jièshào xiàshǔ.

36 契約の交渉をする。
进行合同谈判。
Jìnxíng hétong tánpàn.

37 契約を結ぶ。
签订合同。
Qiāndìng hétong.

38 休憩する。
休息。
Xiūxi.

39 同僚とおしゃべりする。
和同事聊天儿。
Hé tóngshì liáotiānr.

40 残業する。
加班。
Jiābān.

41 出張する。

出差。
Chūchāi.

42 退社する。

下班。
Xiàbān.

43 給与を受け取る。

领工资。
Lǐng gōngzī.

44 管理職になる。

成为管理人员。
Chéngwéi guǎnlǐ rényuán.

45 仕事を辞める。

辞职。
Cízhí.

ポイント

41 この"差"は"chāi"と
発音することに注意。

43 「月給」なら"月薪
yuèxīn"とも。

44 「～になる」は"成为
～"で表す。

第①章
朝

第②章
通勤

第③章
仕事

第④章
家事

第⑤章
買い物・
用事

第⑥章
外食

第⑦章
レジャー

第⑧章
夜

ポイント

47_ "被" は受身を表す。動作主を入れて"被公司解雇 bèi gōngsī jiěgù"のようにも言える。

48_ 「転職する」は"跳槽 tiàocáo"とも言う。

49_ 「就職活動をする」は"找工作 zhǎo gōngzuò"と言う。

46_ 失業する。
失业。
Shīyè.

47_ 解雇される。
被解雇。
Bèi jiěgù.

48_ 転職する。
换工作。
Huàn gōngzuò.

49_ 就職する。
就业。
Jiùyè.

50_ 定年退職する。
退休。
Tuìxiū.

つぶやき表現 / 自言自语

オフィスで仕事中のつぶやき

❶

間に合った！

赶上了！

Gǎnshang le!

> 丸覚え表現　赶上了！（間に合った！）
> Gǎnshang le!
>
> 「遅刻しなかった」という場合は "没有迟到。Méiyǒu chídào." でもよい。

"赶" は本来「追いかける」「急ぐ」。"上" がついて「追いつく」の意味。

❷

うちの制服、センスないわよねえ。

我们的制服真土气。

Wǒmen de zhìfú zhēn tǔqi.

"土" だけでも「野暮ったい」という意味になる。

❸

机が散らかってるなあ。

桌子上乱糟糟的。

Zhuōzishang luànzāozāo de.

"乱糟糟" は "的" とセットでよく使う。"心里乱糟糟的 xīnli luànzāozāo de"「気分がむしゃくしゃする」のようにも言える。

第❶章
朝

第❷章
通勤

第❸章
仕事

第❹章
家事

第❺章
買い物・
用事

第❻章
外食

第❼章
レジャー

第❽章
夜

4

机、片付けたほうがよさそうだ。

看来该收拾一下桌子了。

Kànlái gāi shōushi yíxià zhuōzi le.

> "看来" は「見たところ」。自分の見方を言うときに便利。

5

よーし、机がさっぱりときれいになった。

好了，桌子上整齐干净了。

Hǎo le, zhuōzishang zhěngqí gānjìng le.

> "整齐" は「片付いている」「きちんとしている」、"干净" は「清潔」「きれい」。似た意味の言葉を重ねて四字熟語風にしている。

6

今日で仕事が片付くはずですって？　とんでもない！

什么？这个工作今天应该能完成？怎么可能！

Shénme? Zhège gōngzuò jīntiān yīnggāi néng wánchéng? Zěnme kěnéng!

不可能！(とんでもない！)
Bù kěnéng!

"怎么可能" は「そんな可能性があるか」というニュアンス。"不可能" は文字どおり「あり得ない」。

今日はめちゃくちゃ忙しくなりそうだ。

看来今天会特别忙。

Kànlái jīntiān huì tèbié máng.

> この "会 〜 " は「〜 のはずだ」という可能性を表す助動詞。

8

このコピー機、調子悪いなあ。

这台复印机不太好用。

Zhèi tái fùyìnjī bútài hǎoyòng.

> 「このコピー機は使いにくい」が直訳。"不太 〜 "「あまり 〜 でない」、"好 〜 "「〜 しやすい」。どちらもよく使う表現。

9

せかさないで。すぐやるから。

不要催，我马上就干。

Búyào cuī, wǒ mǎshàng jiù gàn.

> 马上干。(すぐやります。)
> Mǎshàng gàn.
> "马上 〜 " は「すぐに 〜 する」。"马上就 〜 " と言えばさらに「すぐ」というニュアンスが重なる。

> 「〜 しないで」は "不要 〜 " のほか "别 bié 〜 " とも言う。

10

コピーを取るの、飽きちゃった。

我已经烦复印资料了。

Wǒ yǐjīng fán fùyìn zīliào le.

"烦 ～ "は「 ～ にうんざりする」。

11

あ、パスワード忘れちゃった。

哦，我忘了密码。

Ò, wǒ wàngle mìmǎ.

"忘"は "了"と一緒に使われることが多い。

12

確かメモっといたはず。

我记得应该写下来了。

Wǒ jìde yīnggāi xiěxialai le.

"应该 ～ "には「 ～ すべきだ」のほか「 ～ のはずだ」という意味もある。

13

おっと、パソコンが落ちちゃった！

哎哟，电脑自动关机了！

Āiyō, diànnǎo zìdòng guānjī le!

"关机"は「電源が切れる」こと。

第❶章 朝

第❷章 通勤

第❸章 仕事

第❹章 家事

第❺章 買い物・用事

第❻章 外食

第❼章 レジャー

第❽章 夜

14

ああ！　パソコンのシステムがダウンした。

天哪！ 电脑系统出问题了。

Tiān na! Diànnǎo xìtǒng chū wèntí le.

> "出毛病 chū máobing" 「故障する」のような言い方もできる。

15

エクセルの使い方理解できない。ああ、わかんなくなっちゃった。

我不知道怎么用Excel。　哎呀，弄不明白了。

Wǒ bù zhīdào zěnme yòng Excel. Āiyā, nòngbumíngbai le.

 不明白了。(わからなくなった。)
　　　　　 Bù míngbai le.

"不懂了。Bù dǒng le." とも。どちらも「わからなくなった」だが、"不明白" は感覚的に「はっきりしない」、"不懂" は「（頭で）理解できない」というニュアンス。

> "怎么 ～ " は「どのように ～ するのか」。方法を尋ねるときなどに便利。

16

この回線、不通になってる。

这条电话线不通。

Zhèi tiáo diànhuàxiàn bù tōng.

> 「回線」「電話線」は細長いので量詞 "条" を使う。

話し中だ。

占线。

Zhànxiàn.

「誰も出ない。」は "没人接。Méi rén jiē." と言う。

18

忙しいからあとでかけ直そう。

这会儿很忙，稍后再打吧。

Zhèi huìr hěn máng, shāohòu zài dǎ ba.

「あとで」「また」は "再" を使う。

19

会議を始めよう。

开始开会吧。

Kāishǐ kāihuì ba.

「会議中」は "正在开会 zhèngzài kāihuì" と言う。

20

会議って緊張するなあ。

开会时总是紧张。

Kāihuì shí zǒngshì jǐnzhāng.

"总是" は「いつも」。

21

消費者は何を求めているんだろう。さっぱりわかんないや。

消费者有什么需求呢？ 我一点儿也不明白。

Xiāofèizhě yǒu shénme xūqiú ne? Wǒ yìdiǎnr yě bù míngbai.

 丸覚え表現 ー点儿也不明白。(全然わからない。)
Yìdiǎnr yě bù míngbai.

"一点儿也不 〜 " は「少しも 〜 しない」、力をこめて「ない」という意味の慣用表現。

22

何にも思いつかないや。

什么都想不出来。

Shénme dōu xiǎngbuchūlái.

"什么都" ＋否定形は「何も 〜 しない」という慣用句。"想不出来" は可能補語の
否定形で「思いつかない」。ちなみに「思い出せない」は "想不起来 xiǎngbuqǐlái"。

23

私の企画、絶対いける。

我的计划书绝对没问题。

Wǒ de jìhuàshū juéduì méi wèntí.

ここでの「いける」は「大丈夫」「問題ない」と考える。

24

彼は優柔不断だなあ。

他真是优柔寡断。

Tā zhēn shì yōuróu guǎduàn.

"优柔寡断"「優柔不断」は日中で少しだけ違う四字熟語。比較しながら覚えよう。

25

それについてよく考えてみよう。

就此好好考虑一下吧。

Jiùcǐ hǎohǎo kǎolǜ yíxià ba.

"好好 hǎohǎo"は、話し言葉ではよく"hǎohāor"と発音する。文末の"～吧"は「～しよう」という提案を表す。

26

質問があるんだけど。

我有一个问题。

Wǒ yǒu yí ge wèntí.

「質問をする」は"问问题 wèn wèntí""提问题 tí wèntí"など。

27

それはどういう意味なの？

那是什么意思呢？

Nà shì shénme yìsi ne?

最後に"呢"をつけるほうがやわらかい口調になる。

第❶章
胡

第❷章
通勤

第❸章
仕事

第❹章
家事

第❺章
買い物・
用事

第❻章
外食

第❼章
レジャー

第❽章
夜

28

例えばどんな?

比如什么?

Bǐrú shénme?

 比如什么? (例えばどんな?)
Bǐrú shénme?

"比如" は「例えば」。こう尋ねられた場合、"比如说 bǐrú shuō"「例えばね」と言ってから例を挙げるとよい。

29

私の言いたいこと、わかるでしょ?

你知道我想说什么吧?

Nǐ zhīdao wǒ xiǎng shuō shénme ba?

 你知道我想说什么吧? (言いたいこと、わかるでしょ?)
Nǐ zhīdao wǒ xiǎng shuō shénme ba?

"知道"「知っている」の目的語が "我想说什么"「私が何を言いたいか」。

この文の "～吧" は相手に同意を求める「～でしょ?」。

30

クライアントにいい印象与えなきゃ。

得给客户留一个好印象。

Děi gěi kèhù liú yí ge hǎo yìnxiàng.

"留印象" で「印象を残す」。

ALCの青木遥です。

我是ALC公司的青木遥。

Wǒ shì ALC gōngsī de Qīngmù Yáo.

ただ「青木です」と名乗るときは "我姓青木。Wǒ xìng Qīngmù." と言う。

32

この人、気難しそうだなあ。

这个人看上去不好相处。

Zhèige rén kànshangqu bù hǎo xiāngchǔ.

"看上去" は「見たところ」。"相处" は「つき合う」。

33

大変そうな仕事だなあ。

看起来这个工作不容易啊。

Kànqilai zhèige gōngzuò bù róngyì a.

「見たところ」は "看起来" でもOK。

34

どうして私に？　これはあなたの仕事でしょ！

为什么给我? 这是你的工作呀!

Wèi shénme gěi wǒ? Zhè shì nǐ de gōngzuò ya!

为什么是我? (どうして私なの?)
Wèi shénme shì wǒ?

仕事を押し付けられたような場合でなければ、こちらの言い方で。

"为什么给我?"は「なぜ私に与えるのか」が直訳。

35

ああ、まただ！　新人さんが同じミスをしちゃった。

哎哟，又来了! 新员工又出了同样的错。

Āiyō, yòu lái le! Xīn yuángōng yòu chūle tóngyàng de cuò.

丸覚え
表現　出错了。(ミスしちゃった。)
Chū cuò le.

"出"は「起こす」「生む」という意味の動詞。

ここの「また」は「また 〜 した」なので"再"ではなく"又"を使う。

よくできたね！

干得不错啊！

Gànde búcuò a!

> 丸覚え表現　干得好！／漂亮！(よくやった！／お見事！)
> 　　　　　Gànde hǎo! / Piàoliang!
>
> "干得 〜 " は出来栄えを評価する言い方で、"干得好" は「よくやった」。"干得漂亮 gànde piàoliang" と言ってもよい。

第❶章 朝

第❷章 通勤

第❸章 仕事

第❹章 家事

第❺章 買い物・用事

第❻章 外食

第❼章 レジャー

第❽章 夜

37

おつかれさま！

辛苦了！

Xīnkǔ le!

> 丸覚え表現　辛苦了！(おつかれ！)
> 　　　　　Xīnkǔ le!
>
> 中国語の "辛苦了" は相手をはっきりねぎらう場合に使う。軽い挨拶として連発しないように。

彼は仕事の鬼だね。

他是个工作狂，对吧？

Tā shì ge gōngzuòkuáng, duì ba?

"对吧？" は「そうでしょ？」と同意を求める表現。

39

予算をオーバーしちゃった。

预算超了。

Yùsuàn chāo le.

> この "超" は動詞。車で「追い越しをする」は "超车 chāochē" と言う。

40

今日はお昼、あんまり食べたくないな。

今天不太想吃午饭。

Jīntiān bútài xiǎng chī wǔfàn.

> 「あんまり食べたくない」は "没有胃口 méiyǒu wèikǒu"「食欲がない」と言っても
> よい。

41

今日のお昼、すごくおいしそうだ。

今天的午饭看起来特别香。

Jīntiān de wǔfàn kànqilai tèbié xiāng.

> "香" はいろいろな面で「心地よい」ことに使える。例）"睡得很香 shuìde hěn
> xiāng"「ぐっすり眠る」。

42

休憩したい。

我想休息一会儿。

Wǒ xiǎng xiūxi yíhuìr.

動詞＋"一会儿" で「しばらく ～ する」の意味。

43

肩がこってパンパンだ。

我的肩膀酸痛发硬。

Wǒ de jiānbǎng suāntòng fāyìng.

"酸" は身体のいろいろな場所が「だるい」場合に使える。例）"腰酸了 yāo suān le"「腰がだるくなった」。

44

彼、総務課のあの子と付き合ってるの？　やっぱりね。

他在和总务科的那个女孩儿谈恋爱？ 果然没错。

Tā zài hé zǒngwùkē de nèige nǚháir tán liàn'ài? Guǒrán méi cuò.

 果然如此。(やっぱりね。)
Guǒrán rúcǐ.

"果然如此" は「思ったとおりだ」という慣用句。

"在" は動作が進行中であることを表す。"谈恋爱" は「恋愛を語る＝恋愛をする」。"果然" は「果たして」「思ったとおり」。

第❶章
朝

第❷章
通勤

第❸章
仕事

第❹章
家事

第❺章
買い物・
用事

第❻章
外食

第❼章
レジャー

第❽章
夜

45

さあ、また仕事！

好了，继续工作吧！

Hǎo le, jìxù gōngzuò ba!

"继续 ～" は「～ をし続ける」。

46

居眠りしそうだ。

我会打瞌睡的。

Wǒ huì dǎ kēshuì de.

"打" は様々な決まり文句に使われる。例）"打喷嚏 dǎ pēntì"「くしゃみをする」、"打哈欠 dǎ hāqian"「あくびをする」。

47

新しい部署に異動するの？　がんばってね。

你要调到新部门去？ 祝你顺利啊。

Nǐ yào diàodào xīn bùmén qù? Zhù nǐ shùnlì a.

 丸覚え
表現　祝你顺利! (がんばって！)
Zhù nǐ shùnlì!

"祝你顺利" は「順調にいくことを祈る」が本来の意味。"祝你 ～" でいろいろな祝福が表せる。"祝你生日快乐! Zhù nǐ shēngrì kuàilè!"「お誕生日おめでとう！」、"祝你旅途愉快! Zhù nǐ lǚtú yúkuài!"「よいご旅行を！」など。スポーツなどでの応援なら "加油! Jiāyóu!" と言う。

"调" は、配置を替える場合は "diào"、調節する場合は "tiáo" と発音。

こんなに請求書がたまっちゃって、どうしよう!

账单攒了这么多，怎么办？

Zhàngdān zǎnle zhème duō, zěnme bàn?

"攒" は「ためこむ」。"怎么办"「どうしよう?」は覚えておくと便利な表現。

弟は僕より稼ぎがいいんだ。

弟弟的工资比我高。

Dìdi de gōngzī bǐ wǒ gāo.

"比" は比較を表す。"A比B ～ " で「AはBより ～ だ」。順序を間違えないように!

来週、出張でベトナムに行くんだ。

我下周要去越南出差。

Wǒ xiàzhōu yào qù Yuènán chūchāi.

"下周" は "下星期 xiàxīngqī" でもよい。

51

私、昇格するの。マジで！

我要升职了。 真的！

Wǒ yào shēngzhí le. Zhēn de!

 我很认真的!（本気ですよ！）
Wǒ hěn rènzhēn de!

"认真" は「真剣だ」「真面目だ」。

"要〜了" は「もうすぐ〜する」という意味を表す。

52

やれやれ、仕事が片付いた。

好了，工作做完了。

Hǎo le, gōngzuò zuòwán le.

" 〜完" は結果補語で、動作が完了することを表す。

53

今日は早く帰る！

今天要早点儿回家！

Jīntiān yào zǎo diǎnr huí jiā!

"早点儿 〜" は"早一点儿 〜 "の略で「少し早く 〜 する」。

給料日だ！　パーッと騒ごう！

今天发工资！　去热闹一下吧！

Jīntiān fā gōngzī! Qù rènao yíxià ba!

 尽情地玩儿吧。(パーッとやろう。)
　　　　 Jìnqíng de wánr ba.

"尽情" は「思い切り」。

動詞＋"一下" で「ちょっと 〜 する」「気軽に 〜 する」。

来週は１日休みを取れるぞ。

下周我可以请一天假啦。

Xiàzhōu wǒ kěyǐ qǐng yì tiān jià la.

「休みを (〜日) 取る」は "请 (〜天) 假" と言う。

第 **❶** 章
朝

第 **❷** 章
通勤

第 **❸** 章
仕事

第 **❹** 章
家事

第 **❺** 章
買い物・
用事

第 **❻** 章
外食

第 **❼** 章
レジャー

第 **❽** 章
夜

やってみよう／試試看

第3章に出てきたフレーズの復習です。
以下の日本語の意味になるよう中国語を完成させてください。答えはページの下にあります。

❶ パソコンの電源を入れる。 **➡ P060**
（　　　　　）电脑。

❷ メールを送る。 **➡ P062**
发（　　　　）。

❸ 自己紹介する。 **➡ P064**
（　　　　）。

❹ 同僚とおしゃべりする。 **➡ P065**
和同事（　　　　）。

❺ 間に合った！ **➡ P068**
（　　　　）了!

❻ クライアントにいい印象与えなきゃ。 **➡ P076**
得给客户（　　　　）一个好印象。

❼ 予算をオーバーしちゃった。 **➡ P080**
预算（　　　　）了。

❽ 来週、出張でベトナムに行くんだ。 **➡ P083**
我下周要去越南（　　　　）。

❾ 私、昇格するの。マジで！ **➡ P084**
我（　　　　）升职（　　　　）。真的!

❿ 給料日だ！ パーッと騒ごう！ **➡ P085**
今天发（　　　　）! 去（　　　　）一下吧!

答え
❶ 打开
❷ 电子邮件
❸ 自我介绍
❹ 聊天儿
❺ 赶上

❻ 留
❼ 超
❽ 出差
❾ 要／了
❿ 工资／热闹

家事 ╱ 做家务

掃除・洗濯・炊事──
毎日いくらやっても終わることのない家事。
道具なども数多く、しかも時代の流れに
けっこう影響される分野でもあります。
それこそ数限りない表現の中から、
だれもが使えそうなものばかりを選びました。

単語編 ／ 単词

家事のシーンに関連する単語を覚えよう！

❶ 掃除用具
❷ 掃除機
❸ モップ
❹ バケツ
❺ ほこり

❻ ゴミ
❼ 生ゴミ
❽ 残り物・残飯

❶ 清洁工具 qīngjié gōngjù
❷ 吸尘器 xīchénqì
❸ 拖把 tuōbǎ
❹ 水桶 shuǐtǒng
❺ 灰尘 huīchén
❻ 垃圾 lājī
❼ 厨余垃圾 chúyú lājī

❽ 剩饭剩菜 shèngfàn shèngcài
❾ 洗衣机 xǐyījī
❿ 洗衣粉 / 洗衣液 xǐyīfěn / xǐyīyè
⓫ 柔顺剂 róushùnjì
⓬ 要洗的衣物 yào xǐ de yīwù
⓭ 污渍 wūzì

⑩ 洗剤　⑪ 柔軟剤
⑨ 洗濯機　⑫ 洗濯物　⑬ しみ

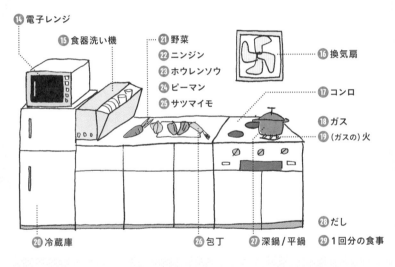

⑭ 電子レンジ
⑮ 食器洗い機
㉑ 野菜
㉒ ニンジン
㉓ ホウレンソウ
㉔ ピーマン
㉕ サツマイモ
⑯ 換気扇
⑰ コンロ
⑱ ガス
⑲ (ガスの)火
⑳ 冷蔵庫　㉖ 包丁　㉗ 深鍋/平鍋　㉘ だし　㉙ 1回分の食事

⑭ 微波炉 wēibōlú
⑮ 洗碗机 xǐwǎnjī
⑯ 换气扇 huànqìshàn
⑰ 燃气灶 ránqìzào
⑱ 天然气／液化气
　tiānránqì／yèhuàqì
⑲ 火焰 huǒyàn

⑳ 冰箱 bīngxiāng
㉑ 蔬菜 shūcài
㉒ 胡萝卜 húluóbo
㉓ 菠菜 bōcài
㉔ 青椒 qīngjiāo
㉕ 红薯 hóngshǔ
㉖ 菜刀 càidāo

㉗ 深汤锅／平底锅
　shēntāngguō／píngdǐguō
㉘ 日式高汤 rìshì gāotāng
㉙ 一顿饭的量
　yí dùn fàn de liàng

第 ① 章
朝

第 ② 章
通勤

第 ③ 章
仕事

第 ④ 章
家事

第 ⑤ 章
買い物・
用事

第 ⑥ 章
外食

第 ⑦ 章
レジャー

第 ⑧ 章
夜

動作表現 / 各种活动

家事にまつわる動作を中国語で言ってみよう！

1. 部屋を掃除する。
打扫房间。
Dǎsǎo fángjiān.

2. 部屋を整理整頓する。
整理房间。
Zhěnglǐ fángjiān.

3. じゅうたんに掃除機をかける。
用吸尘器吸地毯。
Yòng xīchénqì xī dìtǎn.

4. 床をはく。
扫地板。
Sǎo dìbǎn.

5. 床にモップをかける。
拖地板。
Tuō dìbǎn.

ポイント

3.「掃除機でじゅうたんを吸う」と考え、道具や手段を示す介詞"用"を使う。

4-5."扫"はほうきなどでさっと「払う」イメージ、"拖"はモップを「引っ張る」イメージ。

第①章
朝

第②章
通勤

第③章
仕事

第④章
家事

第⑤章
買い物・
用事

第⑥章
外食

第⑦章
レジャー

第⑧章
夜

ポイント

6. 物を変化・移動させる場合は介詞"把"が活躍する。"把〜放进…"は「〜を…に入れる」。

7. "把"を使うとき、動詞が単独ではダメ。6では方向補語"进"、ここでは結果補語"掉"「なくなる」をつけている。

10. ゴミを「出す」は「捨てる」こと。

6. ぞうきんをバケツに入れてぬらす。
把抹布放进水桶里弄湿。
Bǎ mābù fàngjin shuǐtǒngli nòngshī.

7. 残り物を捨てる。
把剩的饭菜扔掉。
Bǎ shèng de fàncài rēngdiào.

8. ゴミを集める。
把垃圾集中到一起。
Bǎ lājī jízhōngdào yìqǐ.

9. ゴミを分別する。
把垃圾分类。
Bǎ lājī fēnlèi.

10. ゴミを出す。
扔垃圾。
Rēng lājī.

11_ 窓をふく。
擦窗户。
Cā chuānghu.

12_ 浴槽を磨く。
擦洗浴缸。
Cāxǐ yùgāng.

13_ 洗濯をする。
洗衣服。
Xǐ yīfu.

14_ 洗濯物を仕分ける。
把要洗的衣物分类。
Bǎ yào xǐ de yīwù fēnlèi.

15_ 洗濯機のスイッチを入れる。
打开洗衣机的开关。
Dǎkāi xǐyījī de kāiguān.

ポイント

11-12_ "擦"は「こする」。浴槽はさらに「洗う」もつけて"擦洗"と言う。

13_ 「洗濯をする＝服を洗う」と考える。ほかに「買い物をする＝物を買う」"买东西 mǎi dōngxi"など。

14_ "把～分类"の中に、"要洗的衣物"「(これから)洗うもの」が入っている。

ポイント

17. この"漂"は第3声。"漂亮 piàoliang"「きれいだ」に引っ張られて第4声で読まないように注意。

18. "去除"は「取り除く」。

19-20. 火などであぶって乾かすことを"烘"、日に当てることを"晒"と言う。

16. 柔軟剤を入れる。

放入柔顺剂。

Fàngrù róushùnjì.

17. シャツを漂白する。

漂白衬衫。

Piǎobái chènshān.

18. しみを取る。

去除污渍。

Qùchú wūzì.

19. 乾燥機で服を乾かす。

用烘干机烘衣服。

Yòng hōnggānjī hōng yīfu.

20. 洗濯物を干す。

晒衣物。

Shài yīwù.

93

21_ 布団を干す。

晒被子。
Shài bèizi.

22_ 洗濯物をたたむ。

叠洗好的衣物。
Dié xǐhǎo de yīwù.

23_ シャツにアイロンをかける。

熨衬衣。
Yùn chènyī.

24_ シャツをドライクリーニングに出す。

把衬衣拿去干洗。
Bǎ chènyī náqu gānxǐ.

25_ ジャガイモの皮をむく。

削土豆皮。
Xiāo tǔdòu pí.

ポイント

21_ "被子"は掛け布団。敷布団は"褥子 rùzi"で、合わせて"被褥 bèirù"と言う。

22_ 結果補語"～好"は「きちんと～する」。

24_ この「出す」は店に「持っていく」なので"拿去"。

25_ "削"は、「皮をむく」場合は"xiāo"と読む。「削減する」は"削减 xuējiǎn"。

第 **1** 章
朝

第 **2** 章
通勤

第 **3** 章
仕事

第 **4** 章
家事

第 **5** 章
買い物・
用事

第 **6** 章
外食

第 **7** 章
レジャー

第 **8** 章
夜

ポイント

26-28 "切"の後に「どういう形に切るか」をつけて言う。ほかに"丝 sī"「せん切り」、"块 kuài"「角切り」など。

29 "煮"には「ゆでる」「煮る」両方の意味がある。

30 「サツマイモ」は"白薯 báishǔ"とも言う。

26 タマネギを刻む。
把洋葱切碎。
Bǎ yángcōng qiēsuì.

27 トマトを薄切りにする。
西红柿切片。
Xīhóngshì qiēpiàn.

28 ニンジンをさいの目に切る。
胡萝卜切丁。
Húluóbo qiēdīng.

29 ホウレンソウをゆでる。
煮菠菜。
Zhǔ bōcài.

30 サツマイモを蒸す。
蒸红薯。
Zhēng hóngshǔ.

31_ 野菜を煮る。
炖蔬菜。
Dùn shūcài.

32_ 野菜を油でいためる。
炒蔬菜。
Chǎo shūcài.

32_ 野菜をさっといためる。
煸炒蔬菜。
Biānchǎo shūcài.

34_ たっぷりの油で魚を揚げる。
用足量的油炸鱼。
Yòng zúliàng de yóu zhá yú.

35_ 牛肉をあぶり焼きする。
烤牛肉。
Kǎo niúròu.

ポイント

31-32_ "炖"は「とろ火で煮込む」。"炒"は一般的な意味で「炒める」。

33_ "煸炒"は下ごしらえしてさっと炒めること。

35_ "烤"は「あぶって焼く」「ローストする」。

第❶章
朝

第❷章
通勤

第❸章
仕事

第❹章
家事

第❺章
買い物・
用事

第❻章
外食

第❼章
レジャー

第❽章
夜

ポイント

36_ "北京烤鸭 Běijīng kǎoyā"といえば「北京ダック」。

37_ "放"は「放る」のではなく、「入れる」「置く」などの意味。

39-40_ "搅拌"は「かき混ぜる」。卵の黄身と白身を混ぜて均一にするような場合は"搅匀"のほうが自然。

36_ 鶏一羽丸焼きにする。

烤全鸡。

Kǎo quánjī.

37_ 鍋に油を引く。

在锅里放油。

Zài guōli fàng yóu.

38_ みそ汁を作る。

做味噌汤。

Zuò wèizēngtāng.

39_ スープをかき混ぜる。

搅拌汤。

Jiǎobàn tāng.

40_ 卵をかき混ぜる。

搅匀鸡蛋。

Jiǎoyún jīdàn.

97

41. 鍋をコンロにかける。
把锅放在燃气灶上。
Bǎ guō fàngzài ránqìzàoshang.

42. ガスに火をつける。
燃气灶点火。
Ránqìzào diǎnhuǒ.

43. 火を強める。
把火开大。
Bǎ huǒ kāidà.

44. 野菜を冷蔵庫にしまっておく。
把蔬菜放进冰箱里。
Bǎ shūcài fàngjin bīngxiāngli.

ポイント

41.「コンロにかける＝コンロの上に置く」と考え、"在"以降で置く場所を示す。

43.「強火」は"武火 wǔhuǒ"、「弱火」は"文火 wénhuǒ"とも。

44.「冷蔵庫にしまう＝冷蔵庫の中に入れる」と考え、方向補語を使って"放进"と言う。

47_ "重新" は「もう一度」
「改めて」。この場合は
"重" を "chóng" と読むこと
に注意。

48_ 中国語で一般的に「洗
い物をする」場合は "洗碗
xǐ wǎn"「お椀を洗う」と
言う。

45_ 肉をレンジで解凍する。

用微波炉解冻肉。

Yòng wēibōlú jiědòng ròu.

46_ 冷蔵庫でサラダを冷やす。

把沙拉放在冰箱里冷却。

Bǎ shālā fàngzài bīngxiāngli lěngquè.

47_ ご飯をレンジで温め直す。

把米饭放进微波炉重新加热。

Bǎ mǐfàn fàngjin wēibōlú chóngxīn jiārè.

48_ 皿を洗う。

洗碟子。

Xǐ diézi.

第 ❶ 章
朝

第 ❷ 章
通勤

第 ❸ 章
仕事

第 ❹ 章
家事

第 ❺ 章
買い物・
用事

第 ❻ 章
外食

第 ❼ 章
レジャー

第 ❽ 章
夜

つぶやき表現 / 自言自语

何かと大変、家事でのつぶやき

すごい散らかりようだ!

真是太乱了!

Zhēnshi tài luàn le!

> 丸覚え表現 真是太乱了!（すごい散らかりようだ!）
> Zhēnshi tài luàn le!
>
> "真是" を "zhēnshi" と読む場合は「まったく」。あきれたときに使う。例）"你啊，真是的!
> Nǐ a, zhēnshi de!"「まったくもう、あなたって人は!」

2

うわあ、すごいほこり!

哇，灰尘好大!

Wa, huīchén hǎo dà!

> この "大" は「大きい」ではなく「程度がひどい」こと。"好" ＋形容詞は「たいへん
> 〜 だ」という意味。

3

少々のほこりじゃ人は死なないよ!

一点点灰尘是不会要人命的!

Yìdiǎndiǎn huīchén shì bú huì yào rénmìng de!

> "要（人）命" で「命を奪う」という意味。

4

へえ、この掃除機あんまり音がしないなあ。

哎，这个吸尘器不太吵。

Āi, zhèige xīchénqì bútài chǎo.

"吵" は「やかましい」。"吵架 chǎojià" と言うと「口喧嘩する」になる。

5

やだ、壁にゴキブリがいる。

真讨厌，墙上有一只蟑螂。

Zhēn tǎoyàn, qiángshang yǒu yì zhī zhāngláng.

何かがあることに気づいたとき、「場所＋ "有" ＋物」の語順で言う。

6

ゴキブリにスプレーかけて！

用杀虫剂喷蟑螂！

Yòng shāchóngjì pēn zhāngláng!

道具を示す介詞 "用" を使う。"喷" は「噴き出す」「噴きかける」。

7

換気扇の掃除は大変だ。

清洁换气扇很费劲。

Qīngjié huànqìshàn hěn fèijìn.

"清洁"「清潔だ」を「きれいにする」として使える。"费劲" は「骨が折れる」。

第❶章
朝

第❷章
通勤

第❸章
仕事

第❹章
家事

第❺章
買い物・
用事

第❻章
外食

第❼章
レジャー

第❽章
夜

8

やり方がわかんないよ。

不知道怎么做啊。

Bù zhīdào zěnme zuò a.

"怎么 ～" で「どのように ～ するか」。

9

コンロが脂で汚れてるよ。

燃气灶被油渍弄得很脏。

Ránqìzào bèi yóuzì nòngde hěn zāng.

"弄得 ～" は「 ～ にする」。あまりよくない結果を招く場合が多い。

10

浴槽、磨いたほうがよさそうだ。

看来需要擦洗一下浴缸。

Kànlái xūyào cāxǐ yíxià yùgāng.

こういうときに " ～ 一下"「ちょっと ～ する」を入れると自然な表現になる。

11

浴室の天井にかびが生えている。

浴室的天花板上有霉斑。

Yùshì de tiānhuābǎnshang yǒu méibān.

これもp.101の5と同じ「場所＋"有"＋物」の語順。

12

ダンナに風呂掃除頼んだほうがいいな。

清洁浴室的活儿交给我老公比较好。

Qīngjié yùshì de huór jiāogěi wǒ lǎogōng bǐjiào hǎo.

"活儿" は「仕事」。力仕事に使うことが多い。

第❶章
朝

第❷章
通勤

第❸章
仕事

第❹章
家事

第❺章
買い物・
用事

第❻章
外食

第❼章
レジャー

第❽章
夜

13

トイレは本当にきれいにしとかなきゃ。

得把卫生间打扫得干干净净。

Děi bǎ wèishēngjiān dǎsǎode gāngānjìngjìng.

2つの "得" に注意。文頭の "得 děi" は助動詞。動詞＋ "得 de" の後に、動作の結果どうなったかを説明するものを置くのは様態補語（状態補語ともいう）の形。

14

最近は、いろんな掃除用具があるんだなあ。

最近清洁工具真是多种多样啊。

Zuìjìn qīngjié gōngjù zhēn shì duōzhǒng duōyàng a.

"多种多样" は「様々だ」という決まり文句。

15

ゴミの分別をしなきゃ。

得把垃圾分类。

Děi bǎ lājī fēnlèi.

助動詞を介詞 "把" の前に置くことにも注意。

16

今日、ゴミ出す日？　ちょっとわかんないや。

今天是扔垃圾的日子？我不太清楚。

Jīntiān shì rēng lājī de rìzi? Wǒ bútài qīngchu.

丸覚え表現　不太清楚。（ちょっとわからない。）
　Bútài qīngchu.

"清楚" は「はっきりしている」という意味。可能補語で "听不清楚 tīngbuqīngchu"「はっきり聞こえない」などにも使う。

「〜の日」は "〜（的）日子" と言う。"过日子 guò rìzi"「日を過ごす」「生活する」とも。

17

面倒くさいなあ。

真麻烦。

Zhēn máfan.

丸覚え表現　真麻烦!（面倒くさいなあ!）
　Zhēn máfan!

"麻烦" は「面倒だ」。人に「面倒をかける」意味もあり、"添麻烦了。Tiān máfan le."「ご面倒をおかけしました。」のように言う。

第 ❶ 章
朝

第 ❷ 章
通勤

第 ❸ 章
仕事

第 ❹ 章
家事

第 ❺ 章
買い物・
用事

第 ❻ 章
外食

第 ❼ 章
レジャー

第 ❽ 章
夜

18

このシャツ、汚れてるわねえ。

这件衬衫脏了。

Zhèi jiàn chènshān zāng le.

> "～了" は必ずしも「～した」ではなく、変化が起こってそのままになっている場合にも使う。

19

あっ、洗剤入れ過ぎちゃった！

哎呀，洗衣液放多了！

Āiyā, xǐyīyè fàngduō le!

> 「入れ過ぎる＝多く入れる」なので、動詞 "放" ＋結果補語 "多" で表す。

20

私のセーター縮んじゃった。

我的毛衣缩水了。

Wǒ de máoyī suōshuǐ le.

> "缩水" は水に濡れて繊維が「縮む」こと。"抽水 chōushuǐ" とも言う。

21

色が落ちちゃった。

掉色了。

Diàoshǎi le.

> "色" は「色落ちする」場合は "sè" ではなく "shǎi" と発音することに注意。

22

ガンコなしみだなあ！

这块污渍真难洗掉！

Zhèi kuài wūzì zhēn nán xǐdiào!

「ガンコなしみ」は「落としにくいしみ」と考える。"洗掉" は動詞＋結果補語で「洗って落とす」という意味。

23

このシャツはアイロンがいらないんだよね。

这件衬衫不用熨烫。

Zhèi jiàn chènshān búyòng yùntàng.

"不用 ～" は「～ する必要がない」、"熨烫" は「アイロンをかける」。

24

新型洗濯機、買いたいなあ。

真想买一台新型洗衣机。

Zhēn xiǎng mǎi yì tái xīnxíng xǐyījī.

家電を数える量詞は一般に "台" を使う。

25

冬物をクリーニング屋から取ってこなくちゃ。

得去洗衣店把冬天的衣物取回来。

Děi qù xǐyīdiàn bǎ dōngtiān de yīwù qǔhuilai.

"取" は預けてあるものを「受け取る」こと。「預ける」は "存 cún"。

26

毎日献立決めるのって面倒だなあ。

每天考虑做什么饭可真麻烦。

Měitiān kǎolǜ zuò shénme fàn kě zhēn máfan.

"考虑做什么饭"までが主語に当たる部分で「どういうご飯を作るか考えること」。

27

料理は得意じゃないんだ。

我不擅长做饭。

Wǒ bú shàncháng zuò fàn.

"擅长"は「得意だ」の意味。

28

この包丁、切れないな。

这把菜刀很钝。

Zhèi bǎ càidāo hěn dùn.

"把"は手でつかむところがあるものを数える量詞。

29

この包丁、すごく切れる。

这把菜刀很锋利。

Zhèi bǎ càidāo hěn fēnglì.

第❶章
朝

第❷章
通勤

第❸章
仕事

第❹章
家事

第❺章
買い物・
用事

第❻章
外食

第❼章
レジャー

第❽章
夜

30

子どもに手伝うように言わなきゃ。

得跟孩子说让他帮忙。

Děi gēn háizi shuō ràng tā bāngmáng.

"说孩子" だと「子どもを叱る」意味になってしまう。「子どもに話す」は介詞を使って "跟孩子说" と言う。

31

このレモン、腐ってる！

这个柠檬坏了。

Zhèige níngméng huài le.

"坏" は機械などなら「壊れる」だし、食品なら「傷む」。

32

それ、焦げ臭いよ。

那个，闻着有股烧焦味儿。

Nèige, wénzhe yǒu gǔ shāojiāo wèir.

"股" は匂いなどを数える量詞。"一股" の "一" が省略されている。

33

あれ〜、肉がちゃんと焼けてない。

哎呀，肉还没有烤熟。

Āiyā, ròu hái méiyǒu kǎoshú.

「焼けてない」は、「焼く」という動作はしたが「火が通った」状態になっていないこと。こういうときは結果補語の否定形の出番。

34

何か足りないな。

我觉得还缺点儿什么。

Wǒ juéde hái quē diǎnr shénme.

"缺"は「欠けている」、"点儿"は"一点儿"の略で「少し」。ここの"什么"は疑問ではなく「何か」。

35

あ、塩入れるの忘れた！

哦，我忘了放盐了。

Ò, wǒ wàngle fàng yán le.

最初の"了"を省略して"我忘放盐了"とも言えるが、文末の"了"は省略不可。

36

シチュー作るのあんまり得意じゃないんだよね。

我不太擅长做炖菜。

Wǒ bútài shàncháng zuò dùncài.

"炖菜"はとろ火で煮込んだ料理のこと。

37

だし取るのって面倒。

做日式高汤真麻烦。

Zuò rìshì gāotāng zhēn máfan.

"日式"は「日本式の」、"高汤"は「煮出した汁」。

第❶章
朝

第❷章
通勤

第❸章
仕事

第❹章
家事

第❺章
買い物・
用事

第❻章
外食

第❼章
レジャー

第❽章
夜

38

昔は、料理は全部手作りしてたなあ。

以前都是我自己做饭吃。

Yǐqián dōu shì wǒ zìjǐ zuò fàn chī.

> この「料理を手作りする」は「自分で作って食べる」と考える。

39

新しい料理、奥さんが気に入ってくれるといいんだけど。

希望我妻子喜欢这道新菜。

Xīwàng wǒ qīzi xǐhuan zhèi dào xīn cài.

> 料理の種類を数える量詞は"道"を使う。

40

最近自分では作らないけど、忙しいから仕方ないわ。

我最近不做了，因为忙没办法。

Wǒ zuìjìn bú zuò le, yīnwèi máng méi bànfǎ.

> 丸覚え表現 没办法。(しょうがない。)
> Méi bànfǎ.
> "没办法"は"没有办法"の略で、「方法がない」。

"因为"はよく"因为 ～ 所以… yīnwèi ～ suǒyǐ …"「～だから…だ」の組み合わせで使われるが、この文のように後から原因や理由を説明する形もある。

おい、あの子またピーマン残してるよ!

哎，那孩子又把青椒剩下了!

Āi, nèi háizi yòu bǎ qīngjiāo shèngxia le!

> 方向補語の"下"は何かが「残る」ことを表す。

第**1**章 朝

第**2**章 通勤

第**3**章 仕事

第**4**章 家事

第**5**章 買い物・用事

第**6**章 外食

第**7**章 レジャー

第**8**章 夜

42

食器洗い機買おうっと。

要买一台洗碗机。

Yào mǎi yì tái xǐwǎnjī.

> 助動詞"要 ～"は強い意志で「～しよう」「～するつもりだ」。"想 ～ xiǎng ～"だと「～したいなあ」というニュアンス。

43

省エネ型冷蔵庫、高かったなあ!　もうすっからかんだよ。

这台节能冰箱太贵了!　我已经身无分文了。

Zhèi tái jiénéng bīngxiāng tài guì le! Wǒ yǐjīng shēn wú fēn wén le.

> 丸覚え表現
> 身无分文。(すっからかんだ。)
> Shēn wú fēn wén.
> "分文"は「わずかなお金」。"身无分文"は「一文無し」という意味の成語。

> 成語を使わず"什么都没有。Shénme dōu méiyǒu."「何もない。」と言ってもよい。

やってみよう ／ 試試看

第4章に出てきたフレーズの復習です。
以下の日本語の意味になるよう中国語を完成させてください。答えはページの下にあります。

❶ 部屋を掃除する。 →P090
（　　　　）房间。

❷ ゴミを出す。 →P091
（　　　　）垃圾。

❸ 窓をふく。 →P092
（　　　　）窗户。

❹ 布団を干す。 →P094
（　　　　）被子。

❺ すごい散らかりようだ！ →P100
真是太（　　　　）了!

❻ うわあ、すごいほこり！ →P100
哇，（　　　　）好大!

❼ ゴミの分別をしなきゃ。 →P103
得把垃圾（　　　　）。

❽ 面倒くさいなあ。 →P104
真（　　　　）。

❾ 料理は得意じゃないんだ。 →P107
我不擅长（　　　　）。

❿ このレモン、腐ってる！ →P108
这个柠檬（　　　　）了。

答え
❶ 打扫
❷ 扔
❸ 擦
❹ 晒
❺ 乱
❻ 灰尘
❼ 分类
❽ 麻烦
❾ 做饭
❿ 坏

第 5 章

買い物・用事 ／ 购物・办事

買い物をしたり、銀行や郵便局に行ったり、
病院でお医者さんに見てもらったり。
仕事に就いている人もそうでない人も、
社会生活を営んでいる人なら
避けて通れない、いろいろな種類の
「用事」に関する表現を取り上げています。

MP3
18

単語編 ／ 単词

さまざまな用事に関連する単語を覚えよう！

❶ 折り込み広告
❷ バーゲンセール
❸ 掘り出し物／バーゲン品
❹ ワンピース
❺ ブラウス
❻ 値引き
❼ エコバッグ
❽ レジ係
❾ クレジットカード
❿ おつり
⓫ レシート
⓬ カタログ

❶ 宣传单 xuānchuándān
❷ 降价销售 jiàngjià xiāoshòu
❸ 特价商品 / 便宜货 tèjià shāngpǐn／piányihuò
❹ 连衣裙 liányīqún
❺ 衬衫 chènshān
❻ 打折 / 减价 dǎzhé／jiǎnjià
❼ 环保购物袋 huánbǎo gòuwùdài
❽ 收银员 shōuyínyuán
❾ 信用卡 xìnyòngkǎ
❿ 找的零钱 zhǎo de língqián
⓫ 收据 shōujù
⓬ 商品目录 shāngpǐn mùlù
⓭ 银行账户 yínháng zhànghù
⓮ ATM 机 / 自动柜员机 ATM jī／zìdòng guìyuánjī
⓯ 密码 mìmǎ
⓰ 存折 cúnzhé
⓱ 利率 lìlù
⓲ 信封 xìnfēng

⓭ 口座
⓮ ATM
⓯ 暗証番号
⓰ 通帳　⓱ 利率

⓲ 封筒
⓳ 記念切手
⓴ ポスト
㉑ 郵便局
㉒ 速達
㉓ 小包
㉔ 宅配便

㉕ 病院
㉖ 保険証
㉗ 待合室
㉘ 体温
㉙ 頭痛
㉚ 薬
㉛ 手術

第 ❶ 章
朝

第 ❷ 章
通勤

第 ❸ 章
仕事

第 ❹ 章
家事

第 ❺ 章
買い物・用事

第 ❻ 章
外食

第 ❼ 章
レジャー

第 ❽ 章
夜

⓳ 纪念邮票 jìniàn yóupiào
⓴ 邮筒 yóutǒng
㉑ 邮局 yóujú
㉒ 快递 kuàidì
㉓ 包裹 / 邮包
　 bāoguǒ / yóubāo
㉔ 快递服务 kuàidì fúwù

㉕ 医院 yīyuàn
㉖ 健康保险证
　 jiànkāng bǎoxiǎnzhèng
㉗ 候诊室 hòuzhěnshì
㉘ 体温 tǐwēn
㉙ 头疼 / 头痛
　 tóuténg / tóutòng

㉚ 药 yào
㉛ 手术 shǒushù

115

動作表現 / 各种活动

用事にまつわる動作を中国語で言ってみよう！

---

1. 新聞の折り込み広告をチェックする。

查看夹在报纸里的宣传单。

Chákàn jiāzài bàozhǐli de xuānchuándān.

2. 買い物に行く。

去买东西。

Qù mǎi dōngxi.

3. 近所のショッピングモールに行く。

去附近的购物中心。

Qù fùjìn de gòuwù zhōngxīn.

4. ショッピングカートを押す。

推着购物车。

Tuīzhe gòuwùchē.

5. 店の中をゆっくり見て回る。

在店里慢慢地逛。

Zài diànli mànmàn de guàng.

ポイント

1.「折り込み広告＝新聞に挟まれた広告」と考える。"夹"は「挟む」で、"在"以下がその場所を表す。

3."中心"は英語のcenterの意訳としてよく使われる。

4."〜着"は「〜しながら」「〜した状態で」。

5."慢慢 mànmàn" は、口語ではよく"慢慢儿 mànmānr"と発音する。

ポイント

6. デパートなどの「売り場」を"柜台"と言う。本来は「カウンター」の意味。

7. 「試着していいですか?」"可以试穿一下吗? Kěyǐ shìchuān yíxià ma?"も合わせて覚えておこう。

9. 売り手と買い手が値段の駆け引きをする場合は"讨价还价 tǎo jià huán jià"とも言う。

第③章
仕事

第④章
家事

**第⑤章
買い物・
用事**

第⑥章
外食

第⑦章
レジャー

第⑧章
夜

6. 化粧品売り場に行く。
去化妆品柜台。
Qù huàzhuāngpǐn guìtái.

7. スカートを試着する。
试穿裙子。
Shìchuān qúnzi.

8. 贈り物を選ぶ。
挑选礼物。
Tiāoxuǎn lǐwù.

9. 値切る。
讲价。
Jiǎngjià.

10 レジでお金を払う。
在收银台付款。
Zài shōuyíntái fùkuǎn.

11 現金で払う。
付现金。
Fù xiànjīn.

12 クレジットカードで払う。
刷卡支付。
Shuākǎ zhīfù.

13 レシートとおつりを受け取る。
接收据和找的零钱。
Jiē shōujù hé zhǎo de língqián.

ポイント

10 "款"はお金のことで、やや硬い表現。この場合"付款"は"付钱 fù qián"と言ってもよい。

12 "刷"は「こする」「スキャンする」、"卡"は英語のcardの音訳。"刷二维码 shuā èrwéimǎ"と言うと「二次元コードを読み取る」。

13 "接"は「受け取る」の意味。"找"は、ここでは「(おつりを)出す」意味。

14. 物を移動させることを言う場合は"把"が活躍。動詞"装"「詰める」に方向補語"进"をつけて「中に入れる」感じを表す。

15. "订购"は「予約して買う」「注文する」。

17. 「カタログで＝カタログ上の」。

18. "退"は「返品する」。"给"以下でその対象を表す。

---

14. 買った物をエコバッグに詰める。

把买的东西装进环保购物袋。

Bǎ mǎi de dōngxi zhuāngjin huánbǎo gòuwùdài.

---

15. ネットで花を注文する。

在网上订购鲜花。

Zài wǎngshang dìnggòu xiānhuā.

---

16. カタログを請求する。

索要商品目录。

Suǒyào shāngpǐn mùlù.

---

17. カタログでカーテンを注文する。

订购商品目录上的窗帘。

Dìnggòu shāngpǐn mùlùshang de chuānglián.

---

18. 買ったパソコンを店に返品する。

把买的电脑退给商店。

Bǎ mǎi de diànnǎo tuìgěi shāngdiàn.

第❶章
朝

第❷章
通勤

第❸章
仕事

第❹章
家事

第❺章
買い物・
用事

第❻章
外食

第❼章
レジャー

第❽章
夜

19 銀行口座を開く。

在银行开户。
Zài yínháng kāihù.

20 口座にお金を預ける。

把钱存入账户。
Bǎ qián cúnrù zhànghù.

21 口座からお金を下ろす。

从账户里取钱。
Cóng zhànghùli qǔ qián.

22 妻の口座に振り込む。

把钱汇入妻子的账户。
Bǎ qián huìrù qīzi de zhànghù.

23 自動引き落としで家賃を払う。

银行自动转账支付房租。
Yínháng zìdòng zhuǎnzhàng zhīfù fángzū.

ポイント

19 「銀行で口座を開く」と考える。また、"开设银行账户。Kāishè yínháng zhànghù."という言い方もできる。

20 "存入"で「預け入れる」。

21 "从～里"は「～の中から」。

22 "汇"は現金でなく為替でやりとりすること。"汇率 huìlǜ"「為替レート」も覚えておきたい言葉。

23 「送る」「転送する」意味の場合、"转"は"zhuǎn"と読む。

第❶章
朝

第❷章
通勤

第❸章
仕事

第❹章
家事

第❺章
買い物・
用事

第❻章
外食

第❼章
レジャー

第❽章
夜

ポイント

24_ この"找"は「探す」の
意味。

26_「変更する」意味の場
合、"更"は"gēng"と発音。

27_ "存款"は「預けてある
お金」。"余额"と合わせて
「口座の残高」。

28_ "贷款"は「貸し付け」
「借り入れ」どちらにも使え
るが、「銀行が」「銀行から」
などを言うことで誤解がな
くなる。

24_ ATMを探す。

找ATM机。
Zhǎo ATM jī.

25_ 暗証番号を押す。

输入密码。
Shūrù mìmǎ.

26_ 暗証番号を変更する。

更改密码。
Gēnggǎi mìmǎ.

27_ 口座の残高を確認する。

确认存款余额。
Quèrèn cúnkuǎn yú'é.

28_ 銀行にローンを申し込む。

申请银行贷款。
Shēnqǐng yínháng dàikuǎn.

29_ 母に手紙を書く。

给母亲写信。

Gěi mǔqin xiě xìn.

30_ 手紙に写真を同封する。

随信附一张照片。

Suí xìn fù yì zhāng zhàopiàn.

31_ 封筒にあて名を書く。

在信封上写收信人的姓名和地址。

Zài xìnfēngshang xiě shōuxìnrén de xìngmíng hé dìzhǐ.

32_ 封筒に切手を貼る。

在信封上贴邮票。

Zài xìnfēngshang tiē yóupiào.

ポイント

30_ "随信"は「手紙に添える」。

31-32_ "在～"は「～で」だけでなく、「～に」を表すことも多い。

第❶章
朝

第❷章
通勤

第❸章
仕事

第❹章
家事

第❺章
買い物・
用事

第❻章
外食

第❼章
レジャー

第❽章
夜

ポイント

34_「郵送する」は"寄"
1文字でもよい。eメールな
どを「送る」は"发 fā"。

35_"拿"は手で「持つ」、
"到"は結果補語で到達を
表す。

36_"快递"は本来「速達」
だが、現在は「宅配便」の
意味でよく使われる。

33_ 手紙をポストに投函する。

把信投入邮筒。
Bǎ xìn tóurù yóutǒng.

34_ エアメールを速達で送る。

用快递邮寄航空邮件。
Yòng kuàidì yóujì hángkōng yóujiàn.

35_ 小包を郵便局へ持って行く。

把包裹拿到邮局去。
Bǎ bāoguǒ nádào yóujú qù.

36_ 宅配便を受け取る。

收快递。
Shōu kuàidì.

37_ 毎週医者に通う。

每个星期都去医院。

Měi ge xīngqī dōu qù yīyuàn.

38_ 受付係に保険証を出す。

把医疗保险证交给前台工作人员。

Bǎ yīliáo bǎoxiǎnzhèng jiāogěi qiántái
gōngzuò rényuán.

39_ 病院の待合室で順番を待つ。

在候诊室等待叫号。

Zài hòuzhěnshì děngdài jiàohào.

40_ 薬を受け取る。

取药。

Qǔ yào.

41_ 薬を飲む。

吃药。

Chī yào.

ポイント

37_ "每个～都"「どの～も全て」は例外がないことを表す。

38_ "交"は「手渡す」「提出する」。"给"から後で提出先を表す。

39_ "叫号"は受付窓口などで「番号を呼ぶ」ことを指す。

41_ 薬を「飲む」は"喝 hē"でなく"吃"を使う。

ポイント

42-43_「熱が出る」"发烧 fāshāo"、「鼻水が出る」"流鼻涕 liú bítì"なども覚えておこう。「くしゃみをする」はp.138の **46**。

44_"量"は、「測る」という意味の場合は"liáng"と読む。

45_「退院する」は"出院 chūyuàn"と言う。

46_ または"动手术 dòng shǒushù"とも言う。

42_ せきをする。

咳嗽。
Késou.

43_ 鼻をかむ。

擤鼻子。/擤鼻涕。
Xǐng bízi./Xǐng bítì.

44_ 熱を測る。

量体温。
Liáng tǐwēn.

45_ 入院する。

住院。
Zhùyuàn.

46_ 手術する。

做手术。
Zuò shǒushù.

第❶章 朝

第❷章 通勤

第❸章 仕事

第❹章 家事

第❺章 買い物・用事

第❻章 外食

第❼章 レジャー

第❽章 夜

つぶやき表現 / 自言自语

買い物、通院、日々のつぶやき

❶

今日は何が安くなってるかな？

今天有什么东西减价呢？

Jīntiān yǒu shénme dōngxi jiǎnjià ne?

"有＋东西＋减价"の語順で「値下げするものがある」。後ろから修飾していく形。

❷

やった！　牛肉が半額になってる。

太好了，牛肉现在打五折！

Tài hǎo le, niúròu xiànzài dǎ wǔ zhé!

"打折"は「割引する」で、間に数字を入れて言える。ただし"打八折"と言えば「2割引」なので間違えないように。

❸

このお刺し身、新鮮かな？

这个生鱼片新鲜吗？

Zhèige shēngyúpiàn xīnxiān ma?

"刺身 cìshēn"という言い方もあるが、"生鱼片"のほうが確実に通じる。

❹

サイズの合った靴が欲しいな。

我想要一双合脚的鞋。

Wǒ xiǎng yào yì shuāng héjiǎo de xié.

"合脚"は「足に合う」。"脚"は足首から先を指し、それより上は"腿 tuǐ"と言う。

5

掘り出し物が見つかるといいな。

要是能找到特价商品就好了。

Yàoshi néng zhǎodào tèjià shāngpǐn jiù hǎo le.

"要是" は仮定を表す。"如果 rúguǒ" と言ってもよい。

6

バーゲンは見逃さないぞ。

我不会错过降价机会的。

Wǒ bú huì cuòguò jiàngjià jīhuì de.

"不会 ～ 的" で「～するはずがない」。

7

この店、品数が豊富だなあ。

这家商店的商品种类真丰富。

Zhèi jiā shāngdiàn de shāngpǐn zhǒnglèi zhēn fēngfù.

この "家" は企業などを数える量詞。

8

どれを買ったらいいか迷っちゃう。

我不知道该买哪个。

Wǒ bù zhīdào gāi mǎi něige.

"该 ～" は "应该 ～ yīnggāi ～" とも言う。「～ すべきだ」という意味の助動詞。

9

ただ見て回るのが好きなんだよね。

我只是喜欢逛逛而已。

Wǒ zhǐshì xǐhuan guàngguang éryǐ.

"只是 ～ 而已"で「ただ ～ だけ」という表現。

10

あら、これ私に似合ってるじゃない。

哟，这件我穿着不错啊。

Yō, zhèi jiàn wǒ chuānzhe búcuò a.

「これ」は指すものに応じて量詞が替わる。"这件"は上着など、"这条 zhèi tiáo"はズボンやスカート、"这双 zhèi shuāng"は靴など。

11

このスカート、サイズがぴったり。

这条裙子的尺寸正合适。

Zhèi tiáo qúnzi de chǐcùn zhèng héshì.

「サイズ」は"尺寸"のほか"大小 dàxiǎo"とも言う。

12

このブラウスは着心地がいいわ。

这件衬衫穿着很舒服。

Zhèi jiàn chènshān chuānzhe hěn shūfu.

動詞＋"着"＋形容詞で「～してみると…だ」「～したところ…だ」という意味がある。上の**10**も同じ。

128

この靴、おしゃれだなあ。

这双鞋真时髦。

Zhèi shuāng xié zhēn shímáo.

> "时髦" は「流行っている」ニュアンス。"好看 hǎokàn" と言えば流行に関係なく「見た目がいい」。

あのワンピース、いいなあ。

那条连衣裙真不错。

Nèi tiáo liányīqún zhēn búcuò.

> "连衣裙" の量詞はスカートの一種と考えて "条" でも、上半身に着るものと考えて "件" でもよい。

かっこいい、これにしよう。

真帅！就要这件吧。

Zhēn shuài! Jiù yào zhèi jiàn ba.

丸覚え表現
帅气。(かっこいい。)
Shuàiqi.
"帅" を "老师 lǎoshī" の "师" と間違えないように注意。

> "帅" は "酷 kù" と言ってもよい。これは英語のcoolの音訳。

第❶章
朝

第❷章
通勤

第❸章
仕事

第❹章
家事

第❺章
買い物・用事

第❻章
外食

第❼章
レジャー

第❽章
夜

16

このジャケット、値段が手頃だ。

这件夹克衫的价格适中。

Zhèi jiàn jiākèshān de jiàgé shìzhōng.

> "夹克" は英語のjacketの音訳で、それに種類を表す"衫"「上着」「シャツ」がついている。"高尔夫球 gāo'ěrfūqiú"「ゴルフ」なども同じ構造。

17

マジ？　ジーンズ1本で10万円だって！

真的吗？说是牛仔裤一条10万日元？

Zhēn de ma? Shuōshi niúzǎikù yì tiáo shí wàn rìyuán?

 真的吗？ / 不是开玩笑吧？ (マジ？／本気なの？)
Zhēn de ma? / Bú shì kāi wánxiào ba?

"开玩笑吧？"「冗談でしょ？」だけでも使える。

> "说是 ～ " は「 ～ だそうだ」という意味。"牛仔" は「カウボーイ」のこと。

18

まけてくれないかな。

能给我打折吗？

Néng gěi wǒ dǎzhé ma?

> "能 ～ 吗？"で「 ～ できませんか」。"给我"「私のために」を入れてお願いするニュアンスに。

ちょっとー、おつり間違ってるよ。

你来一下，找错钱了。

Nǐ lái yíxià, zhǎocuò qián le.

> 丸覚え
> 表現
>
> 找错钱了。（おつり間違ってる。）
> Zhǎocuò qián le.
>
> 動詞 "找"「（おつりを）出す」＋結果補語 "错" で「間違っている」。

「ちょっとー」はいろいろな意味に考えられる。"你来一下" は「ちょっと来て」の意味。

ここビザカード使えるかなあ。

不知道这里能不能用维萨卡。

Bù zhīdào zhèlǐ néng bu néng yòng Wéisàkǎ.

"维萨" はVISAの音訳。

ネットではあまり物を買わないんだ。

我不怎么在网上购物。

Wǒ bù zěnme zài wǎngshang gòuwù.

"不怎么 ～ " で「あまり ～ しない」という決まり文句。

第❶章
朝

第❷章
通勤

第❸章
仕事

第❹章
家事

第❺章
買い物・
用事

第❻章
外食

第❼章
レジャー

第❽章
夜

それ2000円で買ったの？ お買い得だね。

那是两千日元买的？ 真划算啊。

Nà shì liǎngqiān rìyuán mǎi de? Zhēn huásuàn a.

> 丸覚え
> 表現
>
> 划算。（お買い得ですね。）
> Huásuàn.
>
> "划算" は「割に合う」という意味。

"真划算啊。" は "买得值得。Mǎide zhíde." とも言える。動詞＋"得"＋様態補語で、動作の結果がどうかを説明する。"值得" は「値段に釣り合う」。

ATMどこ？

ATM机在哪儿？

ATM jī zài nǎr?

これはATMがあることがわかっている場合。"这里有ATM机吗? Zhèli yǒu ATM jī ma?" なら「ここにATMはありますか」。

ATMからカードが出てこないよ。

ATM机吞了我的卡。

ATM jī tūnle wǒ de kǎ.

"吞" は「飲み込む」が本来の意味。

25

暗証番号が思い出せない。

我想不起密码了。

Wǒ xiǎngbuqǐ mìmǎ le.

"想不起" は可能補語。可能補語は否定形のほうが圧倒的に多く使われる。

26

〈入力しながら〉暗証番号これだったっけ？ 当たり！

密码是这个吗？ 没错！

Mìmǎ shì zhèige ma? Méi cuò!

丸覚え
表現
没错! / 对了! (当たり!)
Méi cuò!/Duì le!

"没错" は「間違いない」、"对了" は「正しかった」というニュアンス。

27

うわ、残高マイナスだ。

哎呀，我的存款余额是负数。

Āiyā, wǒ de cúnkuǎn yú'é shì fùshù.

「プラス」は "正数 zhèngshù"。

28

もう口座にお金がない。

银行账户里已经没钱了。

Yínháng zhànghùli yǐjīng méi qián le.

「口座に＝口座の中に」と考えて "里" を入れる。

29

次の給料日までどうやって暮らそう？

怎么熬到下一个发工资的日子呢？

Zěnme áodào xià yí ge fā gōngzī de rìzi ne?

"熬" は「耐える」。それに結果補語 "到" で到達点を表す。

30

ときどき記帳しとかなきゃ。

有时得把银行流水账单打印在存折上。

Yǒushí děi bǎ yínháng liúshuǐ zhàngdān dǎyìnzài cúnzhéshang.

"打印" は「印刷する」「印字する」。"在" 以降で印字する場所を表す。

31

銀行って何時にしまるんだっけ？

银行几点关门呢？

Yínháng jǐ diǎn guānmén ne?

疑問詞疑問文の文末の "呢" は、いぶかしい気持ちを表す。

32

毎月2万円貯金するつもり。

我打算每个月存两万日元。

Wǒ dǎsuàn měi ge yuè cún liǎng wàn rìyuán.

> "打算 ～" で「～ するつもりだ」。名詞としても使える。例）"周末，你有什么打算? Zhōumò, nǐ yǒu shénme dǎsuàn?"「週末はどういう予定?」

33

利率ってどれくらいだろう?

利率是多少呢?

Lìlǜ shì duōshao ne?

34

彼女、1年で100万貯めたの? すご～い。

她一年就存了一百万日元? 真了不起。

Tā yì nián jiù cúnle yìbǎi wàn rìyuán? Zhēn liǎobuqǐ.

> 丸覚え表現　真了不起! (すごい!)
> Zhēn liǎobuqǐ!
>
> "了不起" は可能補語の形をした慣用表現。"真了不起!" は "好厉害! Hǎo lìhai!" とも。
> "厉害" はいい意味でも悪い意味でも「すごい」。

> この "就" は「たった (1年で)」というニュアンス。

第①章　朝

第②章　通勤

第③章　仕事

第④章　家事

第⑤章　買い物・用事

第⑥章　外食

第⑦章　レジャー

第⑧章　夜

35

海外への小包の送り方がわかんない。

我不知道怎么往国外寄包裹。

Wǒ bù zhīdào zěnme wǎng guówài jì bāoguǒ.

"怎么寄"で「どのように送るか」。介詞フレーズは動詞より前なので、"往国外"「海外へ」＋"寄"の順。

36

EMSってお金がかかるなあ。

EMS费用真贵啊。

EMS fèiyòng zhēn guì a.

"国际特快专递 guójì tèkuài zhuāndì"「国際スピード郵便」のことだが、"EMS"で通じる。

37

この小包、書留にしたいんですけど。

我想挂号邮寄这个包裹。

Wǒ xiǎng guàhào yóujì zhèige bāoguǒ.

"挂号"は「書留にする」のほか、病院で「受付の手続きをする」意味もある。それで呼び出されるのがp.124の**39**"叫号"。

38

これ、割れ物だよね。

这个是易碎物品吧？

Zhèige shì yìsuì wùpǐn ba?

"易碎"は「簡単に壊れる」。

39

以前、記念切手を集めてたんだ。

我以前收集纪念邮票。

Wǒ yǐqián shōují jìniàn yóupiào.

「集めてた」という過去形は、"以前" を入れるだけで解決。こういうとき "了" は使わない。

40

なんか体調が悪い。

我觉得不舒服。

Wǒ juéde bù shūfu.

"舒服" は「気分がいい」。具合が悪そうな人には "你哪儿不舒服? Nǐ nǎr bù shūfu?"「どこが具合悪いの?」と尋ねる。

41

ああ、頭痛い。

哎哟，头疼。

Āiyō, tóuténg.

"头痛 tóutòng" とも言えるが、"头疼" のほうがよく使われる。

42

頭痛薬あったかな？

是否有止头疼的药呢？

Shìfǒu yǒu zhǐ tóuténg de yào ne?

"是否" は "是不是" と同じ意味で、書き言葉にも使える。

43

うっ、苦い！

哎呀，真苦！

Āiyā, zhēn kǔ!

"苦" だけでは不自然で、"很苦 hěn kǔ" だと冷静に分析している印象。こういうときは "真" を使うとよい。

44

この薬、効くといいんだけど。

但愿这个药有效果。

Dànyuàn zhèige yào yǒu xiàoguǒ.

直訳すると「この薬に効果があることを願う」。

45

頭痛が治まった。

头不疼了。

Tóu bù téng le.

文末の "了" があるので "不疼" という状態に「なった」ことを表す。

46

くしゃみが止まらない。

打喷嚏打个不停。

Dǎ pēntì dǎ ge bù tíng.

" ～ 个不停" で「ひっきりなしに ～ する」という決まり文句。

医者行かなきゃ。

得去医院。

Děi qù yīyuàn.

> 「医者に行く」は「病院に行く」と考える。"去看医生 qù kàn yīshēng"「医者に見てもらいに行く」ならOK。

なかなか順番が来ないなあ。

什么时候才能轮到我呢？

Shénme shíhou cái néng lúndào wǒ ne?

> "才"は「やっと」、"能 ～"は「～ するはずだ」。"轮到"は動詞＋結果補語で「順番が回ってくる」。直訳は「いつになったらやっと私の番になるのか」。

大した病気でなくてよかった。

好在不是什么大病。

Hǎozài bú shì shénme dàbìng.

> "好在 ～"は「幸い ～」という意味。

第 **1** 章
朝

第 **2** 章
通勤

第 **3** 章
仕事

第 **4** 章
家事

第 **5** 章
買い物・
用事

第 **6** 章
外食

第 **7** 章
レジャー

第 **8** 章
夜

やってみよう／试试看

第5章に出てきたフレーズの復習です。
以下の日本語の意味になるよう中国語を完成させてください。答えはページの下にあります。

---

❶ 買い物に行く。 ➡ P116
去（　　　　）。

❷ 化粧品売り場に行く。 ➡ P117
去化妆品（　　　　）。

❸ クレジットカードで払う。 ➡ P118
（　　　　）支付。

❹ レシートとおつりを受け取る。 ➡ P118
接收据和找的（　　　　）。

❺ やった！ 牛肉が半額になってる。 ➡ P126
太好了，牛肉现在打（　　　　）！

❻ ただ見て回るのが好きなんだよね。 ➡ P128
我只是喜欢（　　　　）而已。

❼ あら、これ私に似合ってるじゃない。 ➡ P128
哟，这件我穿着（　　　　）啊。

❽ この靴、おしゃれだなあ。 ➡ P129
这（　　　　）鞋真时髦。

❾ 銀行って何時にしまるんだっけ? ➡ P134
银行几点（　　　　）呢?

❿ なんか体調が悪い。 ➡ P137
我觉得（　　　　）。

答え
❶ 买东西
❷ 柜台
❸ 刷卡
❹ 零钱
❺ 五折

❻ 逛逛
❼ 不错
❽ 双
❾ 关门
❿ 不舒服

第 **6** 章

外食 ／ 在外用餐

毎日お店で食べる人もいれば、
ときどき居酒屋で気晴らししたり、
あるいはたまのハレの日にレストランに
行ったりする人もいるでしょう。
お店の品定めからお勘定を払うまで
外食に関する一連の表現を学んでみましょう。

単語編 / 单词

外食のシーンに関連する単語を覚えよう！

❶ 高級レストラン　❷ ドレスコード　❸ ディナー　❹ 居酒屋

❺ 予約

❻ 一品料理
❼ お薦め料理

❽ メニュー

❾ おしぼり

❶ 高級餐厅 gāojí cāntīng
❷ 着装要求 zhuózhuāng yāoqiú
❸ 晚餐 wǎncān
❹ 居酒屋 / 日式酒馆 jūjiǔwū／rìshì jiǔguǎn
❺ 预订 yùdìng
❻ 单点的菜肴 dān diǎn de càiyáo
❼ 推荐菜肴 tuījiàn càiyáo

❽ 菜单 càidān
❾ 湿手巾 shī shǒujin

⑩ コース／定食
⑪ メインディッシュ
⑫ 牛肉
⑬ ステーキ
⑭ ソース
⑯ スープ
⑮ 生の魚介類
⑰ サラダ
⑳ ビール
⑲ 乾杯
㉑ ワイン
⑱ （食事の）お代わり
㉓ 勘定
㉒ （ワインなどの）風味

第❶章 朝

第❷章 通勤

第❸章 仕事

第❹章 家事

第❺章 買い物・用事

第❻章 外食

第❼章 レジャー

第❽章 夜

⑩ 套餐 tàocān
⑪ 主菜 zhǔcài
⑫ 牛肉 niúròu
⑬ 牛排 niúpái
⑭ 酱汁 jiàngzhī
⑮ 生海鲜 shēng hǎixiān
⑯ 汤 tāng
⑰ 沙拉 shālā
⑱ 再来一碗／再来一份 zài lái yì wǎn／zài lái yí fèn
⑲ 干杯 gānbēi
⑳ 啤酒 píjiǔ
㉑ 葡萄酒 pútaojiǔ
㉒ 口味／味道 kǒuwèi／wèidao
㉓ 买单／结账 mǎidān／jiézhàng

動作表現 / 各种活动

外食にまつわる動作を中国語で言ってみよう！

1. 予約する。
预订。
Yùdìng.

2. 高級レストランへ行く。
去高级餐厅。
Qù gāojí cāntīng.

3. メニューを持ってきてもらう。
要菜单。
Yào càidān.

4. 一品料理を頼む。
单点菜肴。
Dān diǎn càiyáo.

5. グラスにビールを注ぐ。
往杯子里倒啤酒。
Wǎng bēizili dào píjiǔ.

ポイント

1. 「予約する」は"订"だけでもよいが、"预订"だと「前もって」ということがはっきりする。

3. この"要"は「要求する」という動詞。料理を注文するときにも"要一个～"「～を1つください」と言える。

4. "单"は「単独で」、"点"は「注文する」で、合わせて「アラカルトで注文する」こと。

5. "倒"は本来「ひっくり返す」。容器を傾けて液体を「注ぐ」の意味になる。

第 **1** 章
朝

第 **2** 章
通勤

第 **3** 章
仕事

第 **4** 章
家事

第 **5** 章
買い物・
用事

第 **6** 章
外食

第 **7** 章
レジャー

第 **8** 章
夜

ポイント

7. "啜"だけでも「すする」だが、"饮"「飲む」をつけると、よりはっきりする。

8. 物の形を変化させるときも"把"を使う。"掰成〜"は動詞＋結果補語。「(両手で)割って、〜にする」。

9. "品尝"は「味わう」。"尝"だけでも使える。
例)"请尝尝这个。 Qǐng chángchang zhèige."「これ、ちょっと味見して。」

10. "汤"は「スープ」。「お湯」は"开水 kāishuǐ"と言う。

---

6. 乾杯する。

干杯。

Gānbēi.

---

7. ビールを一口すする。

啜饮一口啤酒。

Chuòyǐn yì kǒu píjiǔ.

---

8. パンを細かくちぎる。

把面包掰成小块。

Bǎ miànbāo bāichéng xiǎo kuài.

---

9. 料理の味を見る。

品尝食物。

Pǐncháng shíwù.

---

10. スープを飲む。

喝汤。

Hē tāng.

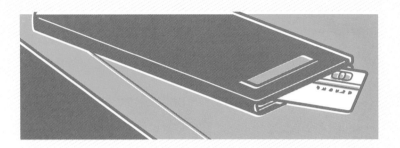

11. ステーキをかむ。
嚼牛排。
Jiáo niúpái.

12. ナプキンで口をふく。
用餐巾擦嘴。
Yòng cānjīn cā zuǐ.

13. ボトルで注文する。
点一瓶酒。
Diǎn yì píng jiǔ.

14. 水をおかわりする。
再要一杯水。
Zài yào yì bēi shuǐ.

15. 勘定を頼む。
买单。
Mǎidān.

ポイント

11. この"排"は肉の切り身のこと。ほかに"炸猪排 zhá zhūpái"「トンカツ」、"炸鸡排 zhá jīpái"「チキンカツ」など。

12. "擦"は「拭く」「こする」。

13. グラスやジョッキで頼むときは"一瓶"の代わりに"一杯"を使う。

14. "再"「もう一度」+"要"「頼む」=「おかわりする」。ご飯なら"一碗 yì wǎn"。

ポイント

16_「ご飯をおごる」は「ご飯を食べてもらう」と考える。"请人～"で「人に～してもらう」。

17_"各付各的"は「それぞれ自分の分を払う」という意味。

18_"上"は必ずしも「上」ではない。ここでは「テーブルに着いたままで」ということ。

19_この"给"は介詞ではなく、「(人)に(物)を与える」という、二重目的語を取れる動詞。

16_ 夕飯をおごる。

请人吃晚饭。
Qǐng rén chī wǎnfàn.

17_ 割り勘にする。

AA制付款。/各付各的。
AA zhì fùkuǎn./Gè fù gè de.

18_ 支払いをテーブルですませる。

在餐桌上付款。
Zài cānzhuōshang fùkuǎn.

19_ ウエートレスにチップをあげる。

给女服务员小费。
Gěi nǚfúwùyuán xiǎofèi.

第❶章 朝

第❷章 通勤

第❸章 仕事

第❹章 家事

第❺章 買い物・用事

第❻章 外食

第❼章 レジャー

第❽章 夜

つぶやき表現 / 自言自语

おいしく味わう外食のつぶやき

1

新しくできた韓国料理店に行ってみたい。

我想去那家新开的韩式餐厅。

Wǒ xiǎng qù nèi jiā xīn kāi de hánshì cāntīng.

"新 〜" は「新しく 〜 したばかりだ」。

2

新宿にいい居酒屋があるんだ。

新宿有一家不错的居酒屋。

Xīnsù yǒu yì jiā búcuò de jūjiǔwū.

"居酒屋" は日本語がそのまま使われるようになったもの。

3

イタリアンはどうだろ？

意大利菜如何？

Yìdàlìcài rúhé?

"如何" はカジュアルに "怎么样 zěnmeyàng" でもよい。「イタリアンは？」に当たる "意大利菜呢？ Yìdàlìcài ne?" も。

4

このレストラン高そうだけど、ほんとにお手頃。

这家餐厅看起来好像很贵，但其实并不贵。

Zhèi jiā cāntīng kànqilai hǎoxiàng hěn guì, dàn qíshí bìng bú guì.

"并" は否定形の前に置いて「けっして 〜 ではない」というニュアンスを表す。

第❶章
朝

第❷章
通勤

第❸章
仕事

第❹章
家事

第❺章
買い物・
用事

第❻章
外食

第❼章
レジャー

第❽章
夜

飲み放題だよ。

是无限畅饮哟。

Shì wúxiàn chàngyǐn yo.

"无限" は「無限に」、"畅饮" は「思いきり飲む」。

6

夕飯をおごるよ。

我请你吃晚饭。

Wǒ qǐng nǐ chī wǎnfàn.

"请你吃饭" で「あなたにご飯を食べてもらう＝おごってあげる」。

7

予約はいるのかな？

需要预订吗？

Xūyào yùdìng ma?

"需要" は「必要だ」という意味。

8

ドレスコードってあるのかな？

不知道有没有着装要求。

Bù zhīdào yǒu méiyǒu zhuózhuāng yāoqiú.

"有没有 ～ " は "不知道" の目的語に当たる部分なので、全体としては疑問文ではなく、「ドレスコードがあるかどうかわからない」。この "着" は "zhuó" と読む。

9

今、満席だ。

现在客满。

Xiànzài kèmǎn.

「席がある」なら "有座位 yǒu zuòwèi"。

10

相席はいやだ。

我不愿意跟别人拼桌。

Wǒ bú yuànyi gēn biérén pīn zhuō.

"拼桌" は他の人と「テーブルを共にする」ということ。

11

窓際のテーブルのほうがいい。

靠窗的餐桌比较好。

Kào chuāng de cānzhuō bǐjiào hǎo.

"靠窗" は「窓に近い」。乗り物の座席を指定するときにも使える。「通路側」は "靠过道 kào guòdào"。

12

おしぼりが欲しい。

我想要一个湿手巾。

Wǒ xiǎng yào yí ge shī shǒujin.

"想要" は「欲しい」。"要" だけでもよい。

今日のお薦めは何かな？

今天的推荐菜肴是什么？

Jīntiān de tuījiàn càiyáo shì shénme?

> 「看板料理」なら "招牌菜 zhāopáicài"。

⑭

どっちの牛肉もおいしそう。何が違うの？

哪种牛肉看着都好吃，有什么不同呢？

Něi zhǒng niúròu kànzhe dōu hǎochī, yǒu shénme bùtóng ne?

> 丸覚え 表現　哪儿不一样呢? (どこが違うの?)
> Nǎr bù yíyàng ne?
>
> "有什么不同" は「どんな違いがあるのか」、"哪儿不一样" は「どこが違うのか」というニュアンスだが、ここではどちらも使える。

> 日本語は2つなら「どっち」、3つ以上なら「どれ」だが、中国語はどちらも "哪" でOK。

⑮

生の魚介類は苦手なの。

我不喜欢吃生海鲜。

Wǒ bù xǐhuan chī shēng hǎixiān.

> 食べ物について「～が苦手だ」は "不喜欢吃 ～"。技能についてならp.107の **27**、p.109の **36** の "不擅长" を使う。

16

サラダがおいしそうだ。

沙拉看起来味道不错。

Shālā kànqilai wèidao búcuò.

"沙拉" は英語のsaladの音訳。

17

このコースにしよう。

就要这个套餐吧。

Jiù yào zhèige tàocān ba.

"套餐" は「セットメニュー」のこと。

ビールがよく冷えてる。

啤酒很凉。

Píjiǔ hěn liáng.

"凉" は「涼しい」のほか「冷たい」の意味もある。

19

このワイン、風味がすごく強い。

这种葡萄酒的味道特别醇香。

Zhèi zhǒng pútaojiǔ de wèidao tèbié chúnxiāng.

"味道" は「味」「匂い」などの意味を含む。「風味」にはぴったりの表現。

20

乾杯したいと思います。

我想提议干杯。

Wǒ xiǎng tíyì gānbēi.

"提议" は「提案する」。

21

これ、おいしい。

这个真好吃。

Zhèige zhēn hǎochī.

"很" は客観的に言う印象。"真" や p.154 の **23** の "特别" などを使うと実感がこもる。

22

おいしい！

好吃！/好喝！

Hǎochī!/Hǎohē!

好吃！/好喝！（おいしい！）
Hǎochī!/Hǎohē!

食べ物が「おいしい」場合と、飲み物が「おいしい」場合では使う動詞が違うことに注意。

第**①**章
朝

第**②**章
通勤

第**③**章
仕事

第**④**章
家事

第**⑤**章
買い物・
用事

第**⑥**章
外食

第**⑦**章
レジャー

第**⑧**章
夜

これ、すごく辛い！

这个特别辣！

Zhèige tèbié là!

> "辣"はトウガラシなどの「ピリ辛」。山椒などのしびれるような辛さは "麻 má"。

24

これ、大好き！

我很喜欢吃这个。

Wǒ hěn xǐhuan chī zhèige.

> 「好きな食べ物は ～ です。」は "我喜欢吃 ～ 。 Wǒ xǐhuan chī ～ ." のように動詞を入れて言うのが普通。

25

おかわりもらいたいな。

我想再要一份。

Wǒ xiǎng zài yào yí fèn.

> 量詞 "份" は料理を数えるのに使える。どの量詞を使うかわからない場合に便利。

26

メインディッシュが来た──これだけ?

主菜来了──就这点儿?

Zhǔcài lái le──jiù zhèidiǎnr?

> 丸覚え表現　就这点儿? (これだけ?)
> Jiù zhèidiǎnr?

"就"は「たったこれだけ」というニュアンスを表す。

頼んだ料理が「まだ来ていない」場合は"还没来 hái méi lái"と言う。

27

満腹だ。

我吃饱了!

Wǒ chībǎo le!

> 丸覚え表現　吃饱了。(お腹いっぱい。)
> Chībǎo le.

「お腹いっぱいになっていない。」なら"没吃饱。Méi chībǎo."と言う。

"吃饱"は動詞+結果補語。"吃"「食べる」という動作の結果、"饱"「満腹になる」。

第①章 朝

第②章 通勤

第③章 仕事

第④章 家事

第⑤章 買い物・用事

第⑥章 外食

第⑦章 レジャー

第⑧章 夜

28

このソース、ステーキに合ってる。

这种酱汁和牛排很配。

Zhèi zhǒng jiàngzhī hé niúpái hěn pèi.

"配" は「釣り合う」「合う」。"配菜 pèicài" なら「付け合わせ」。

29

スープが冷めてる。

汤凉了。

Tāng liáng le.

"凉" に変化を表す "了" がついているので、「冷たくなった」「冷めた」。

30

ここ、サービス悪いな。

这里的服务真差。

Zhèli de fúwù zhēn chà.

「サービスが行き届いている。」なら "服务很周到。 Fúwù hěn zhōudào." と言う。

31

ここの料理、ちょっとしたものね。

这里的食物挺不错的。

Zhèli de shíwù tǐng búcuò de.

"挺 〜 的" は「なかなか 〜 だ」。口語では "很" よりもよく使われる。

32

素晴らしいディナーだった。

晩餐棒极了。

Wǎncān bàngjí le.

> この "棒" は「棒」ではなく「すばらしい」「すごい」という形容詞。" 〜 极了" は「きわめて 〜 だ」の意味。

33

お金が足りない。

钱不够。

Qián bú gòu.

> "够" は「充分だ」。結果補語として "吃够了 chīgòu le"「充分食べた」のようにも使える。

34

勘定が間違っているようだ。

账单好像不对。

Zhàngdān hǎoxiàng bú duì.

> この "对" は「正しい」という意味。

やってみよう / 试试看

第**6**章に出てきたフレーズの復習です。
以下の日本語の意味になるよう中国語を完成させてください。答えはページの下にあります。

❶ メニューを持ってきてもらう。 ➡P144
　要（　　　　　）。

❷ グラスにビールを注ぐ。 ➡P144
　往杯子里倒（　　　　　）。

❸ 勘定を頼む。 ➡P146
　（　　　　　）。

❹ 夕飯をおごるよ。 ➡P149
　我（　　　　　）你吃晚饭。

❺ 予約はいるのかな？ ➡P149
　需要（　　　　　）吗?

❻ 相席はいやだ。 ➡P150
　我不（　　　　　）跟别人拼桌。

❼ 今日のお薦めは何かな？ ➡P151
　今天的（　　　　　）菜肴是什么?

❽ このコースにしよう。 ➡P152
　就要这个（　　　　　）吧。

❾ 満腹だ。 ➡P155
　我（　　　　　）了!

❿ 勘定が間違っているようだ。 ➡P157
　账单好像（　　　　　）。

答え

❶ 菜单　　　　　❻ 愿意
❷ 啤酒　　　　　❼ 推荐
❸ 买单　　　　　❽ 套餐
❹ 请　　　　　　❾ 吃饱
❺ 预订　　　　　❿ 不对

第 **7** 章

レジャー ／ 休閑

オフの時間を楽しむ際の
行動や気持ちに関する表現です。
映画館、美術館、ライブ、遊園地などで
感動したり興奮を味わったりしたときの
感情表現も盛り込まれています。

単語編 / 単词

レジャーのシーンに関連する単語を覚えよう！

❶ 予定
❷ デート

❸ 映画
❹ レディースデイ
❺ 字幕

❽ 待ち時間

❻ 入口

❼ 行列

❾ 展示（物）
❿ 絵画
⓫ 現代美術

❶ 安排／计划 ānpái/jìhuà
❷ 约会 yuēhuì
❸ 电影 diànyǐng
❹ 女士日 nǚshìrì
❺ 字幕 zìmù
❻ 入口 rùkǒu
❼ 队列 duìliè

❽ 等待时间 děngdài shíjiān
❾ 展品 zhǎnpǐn
❿ 画作 huàzuò
⓫ 当代艺术 dāngdài yìshù

⑫ ライブ

⑬ アンコール
⑭ 歌詞

⑮ 遊園地

⑯ ジェット
　コースター

⑰ 絶叫マシン

⑳ ドライブ

㉑ サイクリング

⑲ 写真　⑱ お化け屋敷

㉒ テニス教室

㉓ 温泉
㉔ 露天風呂

㉕ 日帰り旅行
㉖ 景色
㉗ オフ会

第❶章 朝

第❷章 通勤

第❸章 仕事

第❹章 家事

第❺章 買い物・用事

第❻章 外食

第❼章 レジャー

第❽章 夜

⑫ 现场音乐会
　xiànchǎng yīnyuèhuì
⑬ 再来一个 zài lái yí ge
⑭ 歌词 gēcí
⑮ 游乐场 yóulèchǎng
⑯ 过山车 guòshānchē
⑰ 尖叫机器 jiānjiào jīqì

⑱ 鬼屋 guǐwū
⑲ 照片 zhàopiàn
⑳ 开车兜风 kāichē dōufēng
㉑ 骑行 / 骑车旅游
　qíxíng / qíchē lǚyóu
㉒ 网球学校 wǎngqiú xuéxiào
㉓ 温泉 wēnquán

㉔ 露天温泉 / 露天浴池
　lùtiān wēnquán /
　lùtiān yùchí
㉕ 一日游 yírìyóu
㉖ 风景 / 景色
　fēngjǐng / jǐngsè
㉗ 线下聚会 xiànxià jùhuì

動作表現 / 各种活动

レジャーにまつわる動作を中国語で言ってみよう！

1. 明日の予定を立てる。
制定明天的计划。
Zhìdìng míngtiān de jìhuà.

2. 彼をデートに誘う。
请他出去约会。
Qǐng tā chūqu yuēhuì.

3. 映画に行く。
去看电影。
Qù kàn diànyǐng.

4. 入り口でボーイフレンドを待つ。
在入口处等男朋友。
Zài rùkǒuchù děng nánpéngyou.

ポイント

2. この"请"は「呼ぶ」「招く」の意味。"出去"「出かける」→"约会"「デートする」は動作を行う順。

3. 「映画に行く」は「映画を見に行く」と考え、動詞"看"を入れて言う。

4. 「ガールフレンド」なら"女朋友 nǚpéngyou"。

ポイント

5_ これも左ページの**2**と同じく"排队"「並ぶ」→"买票"「切符を買う」の順。

6_ "票"はいろいろな「切符」を表す。"车票 chēpiào"「乗車券」、"机票 jīpiào"「航空券」など。

8_ 「絵画作品」なら"画作"。一般的には"画儿"を使う。例)"画画儿 huà huàr"「絵を描く」。

5_ 切符を求めて列に並ぶ。
排队买票。
Páiduì mǎi piào.

6_ 切符を買う。
买票。
Mǎi piào.

7_ 展示物を見る。
看展品。
Kàn zhǎnpǐn.

8_ 絵を鑑賞する。
欣赏画作。
Xīnshǎng huàzuò.

第**1**章
朝

第**2**章
通勤

第**3**章
仕事

第**4**章
家事

第**5**章
買い物・用事

第**6**章
外食

第**7**章
レジャー

第**8**章
夜

9_ ライブに行く。

去听现场音乐会。
Qù tīng xiànchǎng yīnyuèhuì.

10_ ネットでライブのチケットを予約する。

在网上预订现场音乐会的门票。
Zài wǎngshang yùdìng xiànchǎng yīnyuèhuì de ménpiào.

11_ 歌手に拍手を送る。

为歌手鼓掌。
Wèi gēshǒu gǔzhǎng.

12_ 音楽に合わせて踊る。

随着音乐跳舞。
Suízhe yīnyuè tiàowǔ.

ポイント

9_ これも p.162の③と同じく動詞"听"を入れるほうが自然。

10_ アイドルなどの「コンサート」は"演唱会 yǎnchànghuì"。

11_ "为"は相手に何かしてあげる場合によく使われる介詞。

12_ "随着～"は「～と共に」の意味。

第❶章
朝

第❷章
通勤

第❸章
仕事

第❹章
家事

第❺章
買い物・
用事

第❻章
外食

第❼章
レジャー

第❽章
夜

ポイント

13_ "游乐场" は場所なの
で動詞は "去" だけでOK。

15_ "鬼" は日本語の「鬼」
と違って「幽霊」「お化け」
のこと。

16_ "在〜" は動作を行う
場所を示す介詞。日本語の
「〜で」になることが多いが、
動詞が「歩く」などの場合は
「〜を」になる。

17_「自撮りをする」は "自
拍 zìpāi" と言う。

13_ 遊園地に行く。
去游乐场。
Qù yóulèchǎng.

14_ ジェットコースターに乗る。
坐过山车。
Zuò guòshānchē.

15_ お化け屋敷に入る。
进鬼屋。
Jìn guǐwū.

16_ 公園を散歩する。
在公园散步。
Zài gōngyuán sànbù.

17_ 写真を撮る。
拍照。
Pāizhào.

18 — ドライブに行く。

开车去兜风。
Kāichē qù dōufēng.

19 — サイクリングに行く。

去骑行。
Qù qíxíng.

20 — ハイキングに行く。

去远足。
Qù yuǎnzú.

21 — スキーに行く。

去滑雪。
Qù huáxuě.

22 — テニス教室に通う。

去网球学校。
Qù wǎngqiú xuéxiào.

23 — ホームパーティーを開く。

开家庭聚会。
Kāi jiātíng jùhuì.

ポイント

18 — "开车"は「車を運転する」、"兜风"は「ドライブ」。

19-21 — すべて「〜しに行く」の形。

22 — 中国語の"教室 jiàoshì"は学校の「教室」のみ。様々な技能を学ぶ場所としてはよく"学习班 xuéxíbān"も使う。

第**①**章
朝

第**②**章
通勤

第**③**章
仕事

第**④**章
家事

第**⑤**章
買い物・
用事

第**⑥**章
外食

第**⑦**章
レジャー

第**⑧**章
夜

ポイント

24.「2泊3日の旅行」なら
"住宿两晚的旅游 zhùsù
liǎng wǎn de lǚyóu"。

26."泡"は「漬ける」「漬か
る」。例)"泡茶 pào chá"
「お茶を入れる」。

27."线下"は「オフライン」。
「オンライン」は"在线
zàixiàn"。

24. 日帰り旅行に行く。
外出一日游。
Wàichū yírìyóu.

25. 温泉に行く。
去温泉。
Qù wēnquán.

26. 露天風呂に入る。
泡露天温泉。
Pào lùtiān wēnquán.

27. オフ会に行く。
去参加线下聚会。
Qù cānjiā xiànxià jùhuì.

つぶやき表現 / 自言自语

めいっぱい楽しむ余暇のつぶやき

①

今日は彼とデートなの。

今天我和男朋友约会。

Jīntiān wǒ hé nánpéngyou yuēhuì.

"和 〜" は「 〜と」。動作を一緒にする相手を示す介詞。

②

すっごく楽しみ。

非常期待。

Fēicháng qīdài.

丸覚え表現　期待着!（楽しみ!）
Qīdàizhe!

"〜 着" は「 〜している」。動作が持続中であることを表す。

③

今日は何を着たらいいかな?

今天穿什么好呢?

Jīntiān chuān shénme hǎo ne?

"穿什么" は "穿什么衣服 chuān shénme yīfu" の略。

第**1**章
朝

第**2**章
通勤

第**3**章
仕事

第**4**章
家事

第**5**章
買い物・
用事

第**6**章
外食

第**7**章
レジャー

第**8**章
夜

4

お、彼女、今日はめかしこんでるな。

噢，她今天打扮得真漂亮。

Ō, tā jīntiān dǎbande zhēn piàoliang.

動詞＋"得"＋様態補語の形で、動作の結果がどのようになるかを表す。

5

今、何の映画やってるかな？

现在在上映什么电影呢？

Xiànzài zài shàngyìng shénme diànyǐng ne?

"在上映"は、動作が進行中であることを表す"在"＋動詞で「上映中だ」。

6

だれが出てるの？

演员有谁？

Yǎnyuán yǒu shéi?

「(出ている) 俳優には、だれがいるの？」と考える。

7

今日って、レディースデーだったかな？

今天是女士日吧？

Jīntiān shì nǚshìrì ba?

"是 ～ 吧?"だと「～だよね?」と確認するニュアンス。はっきり尋ねるなら"是不是 ～?"などにする。

169

8

君が気に入るといいんだけど。

希望你喜欢。

Xīwàng nǐ xǐhuan.

> "希望 〜" は「〜だといいな」と言いたいときに便利。

9

なかなか面白そうじゃない。

好像挺有意思的呀。

Hǎoxiàng tǐng yǒu yìsi de ya.

> 丸覚え表現　好像很有意思。(面白そう。)
> Hǎoxiàng hěn yǒu yìsi.
>
> "很有意思" は "很" を強く読めば「すごく面白そう」、軽く読めば普通に「面白そう」。

> "挺 〜 的" は「なかなか 〜 だ」。

10

この映画、つまんないね。

这部电影没意思。

Zhèi bù diànyǐng méi yìsi.

> "部" は映画や本などを作品として数える量詞。

素晴らしい！

太棒了！

Tài bàng le!

> 丸覚え
> 表現 太棒了！(素晴らしい！)
> Tài bàng le!
>
> 「やった！」と言うような場合にも使える。

"太 ～ 了"「すごく ～ だ」に "棒"「素晴らしい」を入れた形。

感動した。

令人感动。

Lìng rén gǎndòng.

"令人～"は使役表現で、「人を ～ させる」が本来の意味。

字幕なしで映画がわかるようになりたいなあ。

真想能看懂没有字幕的电影。

Zhēn xiǎng néng kàndǒng méiyǒu zìmù de diànyǐng.

"真想 ～ "は「 ～ したいと切に思う」。"能"は「できる」。映画が「わかる」は「見て理解する」という意味の動詞＋結果補語 "看懂" がぴったり。

第❶章 朝

第❷章 通勤

第❸章 仕事

第❹章 家事

第❺章 買い物・用事

第❻章 外食

第❼章 レジャー

第❽章 夜

14

この歌詞大好き。

我很喜欢这首歌的歌词。

Wǒ hěn xǐhuan zhèi shǒu gē de gēcí.

"首" は歌や詩などを数える量詞。

15

きっとアンコールやってくれるよ。

他一定会应观众的要求再唱一首的。

Tā yídìng huì yìng guānzhòng de yāoqiú zài chàng yì shǒu de.

"一定" は「きっと」。"会 〜 的"「〜 するはずだ」と組み合わせてよく使われる。

16

〈コンサートの途中で〉もうたくさんだ、帰る。

听够了，我走了!

Tīnggòu le, wǒ zǒu le!

丸覚え
表現
够了!（もうたくさんだ!）
Gòu le!

"够" は「充分だ」。"了" は状況が変化したことを表し、「もう充分だ」となる。

"走" はその場所を「離れる」という意味。これも状況の変化を表す "了" がついて「帰ることにした」。

すごい並んでる！

排了这么多的人！

Páile zhème duō de rén!

> この "排" は「並ぶ」という意味。

18

待ち時間どのくらい？

要等多长时间？

Yào děng duō cháng shíjiān?

> "多"＋形容詞で「どれくらい ～ か」。例）"多大了? Duō dà le?"「どれくらい大き
> いか＝（年齢は）いくつ?」。

19

待ち時間はマジで5時間だよ。

真的要等五个小时。

Zhēn de yào děng wǔ ge xiǎoshí.

> 丸覚え
> 表現　真的。(マジ。)
> 　　　　Zhēn de.
>
> "真的" を上がり調子で言えば「マジで?」になる。

20

現代美術のこと何も知らないんだ。

我对当代艺术一无所知。

Wǒ duì dāngdài yìshù yì wú suǒ zhī.

"一无所知" は「何も知らない」という意味。"一无所有 yì wú suǒ yǒu"「何も持っていない」が元々の形。

21

うーむ、悪くないわね。

嗯，不错啊。

Ng, búcuò a.

丸覚え
表現

不错。(悪くないね。)
Búcuò.

"不错" は「悪くない」から「すばらしい」まで幅がある言い方なので、表情や声色もプラスして表現。"还可以。Hái kěyǐ."「まあまあだ。」でもよい。

22

ええっと…すごく独特だよね。

嗯……非常独特啊。

Ng……fēicháng dútè a.

「個性的だ」という意味にもなるし、誉め言葉に困ったときにも便利。

あの新型絶叫マシーン、スリル満点だよ。

那台新型尖叫机器非常刺激。

Nèi tái xīnxíng jiānjiào jīqì fēicháng cìjī.

> 「絶叫マシーン」も量詞 "台" で数える。

すっごく怖い。

太可怕了。

Tài kěpà le.

> "可怕" は「怖い」。"我怕 〜 " と言えば「 〜 を怖がる」あるいは「 〜 が苦手だ」
> の意味。

泣きたい気分。

我想哭。

Wǒ xiǎng kū.

> こう言われたら "别哭。Bié kū." 「泣かないで。」と言ってあげよう。

第①章
朝

第②章
通勤

第③章
仕事

第④章
家事

第⑤章
買い物・
用事

第⑥章
外食

第⑦章
レジャー

第⑧章
夜

26

明日は雨なんか降らないよ。絶対にね。

明天不会下雨的，我敢肯定。

Míngtiān bú huì xià yǔ de, wǒ gǎn kěndìng.

> 丸覚え
> 表現　絶対。／肯定。（絶対です。）
> 　　　Juéduì./Kěndìng.
>
> どちらも自信を持って断言するときに使う。

"敢 ～" は助動詞で「きっぱり ～ する」。

27

今日はピクニック日和だ。

今天是去郊游的好日子。

Jīntiān shì qù jiāoyóu de hǎo rìzi.

" ～ 的好日子" で「 ～ （するの）によい日」。

28

素晴らしい景色だ。

风景太美了。

Fēngjǐng tài měi le.

"美" は人にも物にも使える。

29

気分いい。

心情舒畅。

Xīnqíng shūchàng.

"舒畅" は伸び伸びして気持ちがよいこと。

30

とても楽しかった。

过得很开心。

Guòde hěn kāixīn.

動詞＋"得"＋様態補語の形で、動作がどのように行われるかを表す。

もうこんな時間だ。

都这个时间了。

Dōu zhèige shíjiān le.

丸覚え　都这个时间了。(もうこんな時間だ。)
表現　Dōu zhèige shíjiān le.

"都～了" で「もう～だ」。

時間がたつのって早いね。

时间过得真快啊。

Shíjiān guòde zhēn kuài a.

> 丸覚え表現　时间过得真快啊。(時のたつのは早いね。)
> Shíjiān guòde zhēn kuài a.
>
> p.177の**30**と同じ構造。"过得快"で「過ぎるのが早い」「早く過ぎる」。

33

もうさよならの時間だ。

已经到分手的时间了。

Yǐjīng dào fēnshǒu de shíjiān le.

"到 ～ 的时间"は「～の時間が来る」「～の時間になる」。

帰りたくない！

我不想回去！

Wǒ bù xiǎng huíqu!

"想 ～"は「～したい」、否定形にして"不想 ～"と言えば「～したくない」。

もう帰るね。

我走了。

Wǒ zǒu le.

> "我们走吧。Wǒmen zǒu ba." と言えば「もう行こう」「もう帰ろう」になる。

帰るの？　電話して。

你要走？ 给我打电话。

Nǐ yào zǒu? Gěi wǒ dǎ diànhuà.

> 丸覚え表現　给我打电话。(電話して。)
> Gěi wǒ dǎ diànhuà.
>
> 「電話する」は動作の対象を示す介詞 "给 〜"「〜 に」を使って言う。

> "要 〜" は「〜 しなければならない」だが、"不要 〜" は禁止「〜 するな」になる。
> 「〜 しなくていい」は "不用 〜 búyòng 〜" と言う。

第❶章 朝
第❷章 通勤
第❸章 仕事
第❹章 家事
第❺章 買い物・用事
第❻章 外食
第❼章 レジャー
第❽章 夜

やってみよう／试试看

第7章に出てきたフレーズの復習です。
以下の日本語の意味になるよう中国語を完成させてください。答えはページの下にあります。

❶ 明日の予定を立てる。 ➡ P162
制定明天的（　　　　　）。

❷ 音楽に合わせて踊る。 ➡ P164
随着音乐（　　　　　）。

❸ ドライブに行く。 ➡ P166
开车去（　　　　　）。

❹ 今日は彼とデートなの。 ➡ P168
今天我和男朋友（　　　　）。

❺ お、彼女、今日はめかしこんでるな。 ➡ P169
噢，她今天（　　　　）得真漂亮。

❻ 字幕なしで映画がわかるようになりたいなあ。 ➡ P171
真想能（　　　　）没有字幕的电影。

❼ すごい並んでる！ ➡ P173
（　　　　）了这么多的人！

❽ すっごく怖い。 ➡ P175
太（　　　　）了。

❾ とても楽しかった。 ➡ P177
过得很（　　　　）。

❿ もうこんな時間だ。 ➡ P177
（　　　　）这个时间（　　　　）。

答え

❶ 计划	❻ 看懂
❷ 跳舞	❼ 排
❸ 兜风	❽ 可怕
❹ 约会	❾ 开心
❺ 打扮	❿ 都／了

夜 ／ 晚上

夜、帰宅してから床につくまでの
ひとときに関する表現です。
ほっと一息ついて、リラックスしたり
趣味を楽しんだり。
自分をケアして、明日に向けて英気を養う際の
行動や思わず口を突いて出る表現を紹介。

単語編 / 単词

夜のシーンに関連する単語を覚えよう！

❶ ドアベル
❸ 灯り
❷ ドアノブ
❹ 留守番電話
❺ 風呂
❼ シャンプー
❽ コンディショナー
❻ 浴槽
❾ 筋肉
❿ 肌
⓫ はかり
⓬ 体重
⓭ ダイエット

❶ 门铃 ménlíng
❷ 门把手 mén bǎshou
❸ 灯光 / 光线 dēngguāng / guāngxiàn
❹ 答录电话机 dálù diànhuàjī
❺ 浴室 yùshì
❻ 浴缸 yùgāng
❼ 洗发露 xǐfàlù

❽ 护发素 hùfàsù
❾ 肌肉 jīròu
❿ 皮肤 pífū
⓫ 秤 / 体重计 chèng / tǐzhòngjì
⓬ 体重 tǐzhòng
⓭ 减肥 jiǎnféi

⑭ 熱帯夜
⑮ エアコン
⑯ テレビ
⑰ 番組
⑱ 連ドラ
⑲ 俳優
⑳ コメンテーター
㉑ 夜食
㉒ リモコン
㉓ テレビゲーム
㉔ スマートフォン
㉕ 日記
㉖ ネットオークション
㉗ 小説

第❶章 朝
第❷章 通勤
第❸章 仕事
第❹章 家事
第❺章 買い物・用事
第❻章 外食
第❼章 レジャー
第❽章 夜

⑭ 热带夜 rèdàiyè
⑮ 空调 kōngtiáo
⑯ 电视机 diànshìjī
⑰ 节目 jiémù
⑱ 电视连续剧 diànshì liánxùjù
⑲ 演员 yǎnyuán
⑳ 评论员 pínglùnyuán

㉑ 夜宵 yèxiāo
㉒ 遥控器 yáokòngqì
㉓ 电子游戏 diànzǐ yóuxì
㉔ 智能手机 zhìnéng shǒujī
㉕ 日记 rìjì
㉖ 网上拍卖 wǎngshang pāimài

㉗ 小说 xiǎoshuō

動作表現 / 各种活动

夜にまつわる動作を中国語で言ってみよう！

1. 帰宅する。
回家。
Huí jiā.

2. ドアのベルを鳴らす。
按门铃。
Àn ménlíng.

3. ドアノブを回す。
转动门把手。
Zhuàndòng mén bǎshou.

4. 灯りをつける。
开灯。
Kāi dēng.

5. 着替える。
换衣服。
Huàn yīfu.

ポイント

1. "回〜"は「〜に戻る」。例)"回国 huí guó"「帰国する」。

2. "按"は押しボタンなどを「押す」。ドアを「押す」場合は"推 tuī"を使う。

3. "转动"は回転させることを指す。"转"は第4声"zhuàn"。

4. この"开"はスイッチを「オンにする」こと。「オフにする」のは"关 guān"。「消灯する」には"熄灯 xīdēng"という言い方も。

6_ 「チェックする」は"查看"を使う。"留言"は「メッセージ」。

7_ 「電子メール」は音訳の"伊妹儿 yīmèir"でもよい。

8_ "专辑"は歌手の「アルバム」。写真の「アルバム」は"相册 xiàngcè"と言う。

9_ "下载"は「ダウンロードする」。「アップロードする」は"上传 shàngchuán"。

10_ 本来"智能手机"が「スマートフォン」だが、今は"手机"と言えばほぼスマホのこと。

6_ 留守番電話をチェックする。

查看答录电话机里的留言。

Chákàn dálù diànhuàjīli de liúyán.

7_ メールをチェックする。

查看电子邮件。

Chákàn diànzǐ yóujiàn.

8_ お気に入りのアルバムを聴く。

听自己喜欢的音乐专辑。

Tīng zìjǐ xǐhuan de yīnyuè zhuānjí.

9_ ウェブサイトから音楽をダウンロードする。

从网上下载音乐。

Cóng wǎngshang xiàzài yīnyuè.

10_ スマートフォンで音楽を再生する。

用智能手机播放音乐。

Yòng zhìnéng shǒujī bōfàng yīnyuè.

第 ❶ 章
朝

第 ❷ 章
通勤

第 ❸ 章
仕事

第 ❹ 章
家事

第 ❺ 章
買い物・用事

第 ❻ 章
外食

第 ❼ 章
レジャー

第 ❽ 章
夜

11. テレビをつける。
开电视。
Kāi diànshì.

12. テレビを見る。
看电视。
Kàn diànshì.

13. リモコンでテレビを操作する。
用遥控器操作电视。
Yòng yáokòngqì cāozuò diànshì.

14. テレビ番組を録画予約する。
定时录制电视节目。
Dìngshí lùzhì diànshì jiémù.

ポイント

11. これもスイッチを入れる"开"。

13. 「リモコンで」は道具などを示す介詞"用"を使って表す。

14. "定时"は「決まった時間に」、"录制"は「録画する」。

第 ❶ 章
朝

第 ❷ 章
通勤

第 ❸ 章
仕事

第 ❹ 章
家事

第 ❺ 章
買い物・
用事

第 ❻ 章
外食

第 ❼ 章
レジャー

第 ❽ 章
夜

ポイント

15. 「YouTubeの」は
YouTubeというプラット
フォーム、つまり場所と考
えて"在"を使う。

16. 「オンラインで」も場所
を表す介詞"在"を使う。

17. "博客"は英語のblog
の音訳。

18. "转发"は本来「転送す
る」という意味。"转"は第
3声"zhuǎn"。

19. "玩儿游戏"で「ゲーム
をする」という決まった組み
合わせ。

15. YouTubeの動画を見る。
在YouTube上看视频。
Zài YouTube shang kàn shìpín.

16. オンラインで映画を見る。
在网上看电影。
Zài wǎngshang kàn diànyǐng.

17. ブログを更新する。
更新博客。
Gēngxīn bókè.

18. 投稿をリツイートする。
转发消息。
Zhuǎnfā xiāoxi.

19. テレビゲームをする。
玩儿电子游戏。
Wánr diànzǐ yóuxì.

20_ 小説を読む。
看小说。
Kàn xiǎoshuō.

21_ 日記をつける。
写日记。
Xiě rìjì.

22_ スマホを充電する。
给手机充电。
Gěi shǒujī chōngdiàn.

23_ 夜食を食べる。
吃夜宵。
Chī yèxiāo.

ポイント

21_ 日記を「つける」は「書く」ことなので"写"。

22_ 与える相手を表す"给"を使う。「充電が切れた。」は"没电了。Méi diàn le."。

第①章
朝

第②章
通勤

第③章
仕事

第④章
家事

第⑤章
買い物・
用事

第⑥章
外食

第⑦章
レジャー

第⑧章
夜

ポイント

24. "擦亮"は動詞＋結果
補語。「こする」という動作
の結果「ぴかぴかになる」こ
とを表す。

25. "卸"は"卸货 xièhuò"
「荷物を下ろす」のようにも
使う。

27. ほかに"身高 shēngāo"
「身長」や"体温 tǐwēn"「体
温」を図るのも"量"。

24. 靴をぴかぴかに磨く。
把鞋擦亮。
Bǎ xié cāliàng.

25. 化粧を落とす。
卸妆。
Xièzhuāng.

26. 服を脱ぐ。
脱衣服。
Tuō yīfu.

27. 体重を測る。
量体重。
Liáng tǐzhòng.

28 お風呂に入る。
洗澡。
Xǐzǎo.

29 体を洗う。
洗身体。
Xǐ shēntǐ.

30 体をごしごし洗う。
搓洗身体。
Cuōxǐ shēntǐ.

31 シャンプーする。
洗头。
Xǐ tóu.

32 コンディショナーをつける。
在头发上涂抹护发素。
Zài tóufashang túmǒ hùfàsù.

ポイント

28 「シャワーを浴びる」は p.26の **11**。

30 "搓"には「こする」「揉む」の意味がある。

32 ここでは「髪に」を場所として扱い、"在头发上"としている。

ポイント

33_ "泡〜澡"の間に、どういうお風呂かを表す言葉を入れている。

34_「バスタブから」は「バスタブの中から」と考え、"从浴缸里"と言う。

35_ ここの"盖"は「ふたをかぶせる」という動詞。"把"を使うため"盖"だけではダメで、方向補語"上"がついている。

36_ 動詞"洗澡"＋結果補語"完"は、"洗完澡"という形にする。

37_ "筋肉 jīnròu"という言葉もあるが、通常"肌肉"をよく使う。

33_ お湯につかる。

泡热水澡。
Pào rèshuǐzǎo.

34_ バスタブから出る。

从浴缸里出来。
Cóng yùgāngli chūlai.

35_ 風呂にふたをする。

把浴缸盖上。
Bǎ yùgāng gàishang.

36_ 風呂上がりにストレッチする。

洗完澡后做伸展运动。
Xǐwán zǎo hòu zuò shēnzhǎn yùndòng.

37_ 筋肉をマッサージする。

按摩肌肉。
Ànmó jīròu.

第 ❺ 章
買い物・
用事

第 ❻ 章
外食

第 ❼ 章
レジャー

第 ❽ 章
夜

38. お肌をお手入れする。

护肤。

Hùfū.

39. 髪をくしでとく。

用梳子梳头。

Yòng shūzi shūtóu.

40. マニキュアを塗る。

涂指甲油。

Tú zhǐjiayóu.

41. 目覚ましを6時にセットする。

把闹钟定在六点。

Bǎ nàozhōng dìngzài liù diǎn.

42. 寝床に就く。

上床睡觉。

Shàngchuáng shuìjiào.

ポイント

38. "保护 bǎohù"「保護する」と"皮肤 pífū"「皮膚」が組み合わさった言葉。

40. "指甲"が「爪」、"指甲油"は「マニキュア」のこと。"美甲 měijiǎ"と言えば「ネイルアートをする」。

41. "定"は「指定する」、"在"以降でその時間を表す。

42. "上床"は「ベッドに上がる」ということ。

第①章
朝

第②章
通勤

第③章
仕事

第④章
家事

第⑤章
買い物・
用事

第⑥章
外食

第⑦章
レジャー

第⑧章
夜

ポイント

43_ "躺" は「横たわる」、"在" 以降でどこにということを表す。

44_ "翻身" は「体の向きを変える」「寝返りを打つ」。

45_ "睡着" は動詞＋結果補語で、「寝つく」という意味を表す。この場合、"着" は "zháo" と読むことに注意。

43_ ベッドに横になる。
躺在床上。
Tǎngzài chuángshang.

44_ 寝返りを打つ。
睡觉翻身。
Shuìjiào fānshēn.

45_ 眠りにつく。
睡着。
Shuìzháo.

46_ いびきをかく。
打鼾。
Dǎhān.

47_ 寝言を言う。
说梦话。
Shuō mènghuà.

193

つぶやき表現 / 自言自语

今日もおつかれ、夜のつぶやき

1

だれもまだ帰ってないな。

还没有人回来呢。

Hái méiyǒu rén huílai ne.

> "没有＋人＋回来" の語順で「帰ってくる人がいない」と後ろから修飾する形。

2

もうくたくただ。

累死了。

Lèisǐ le.

> 動詞や形容詞に "死了" をつけて、程度が甚だしいことを表す。

3

おなかぺこぺこだ。

饿死了。

Èsǐ le.

> " ～ 死了" は " ～ 得要命 ～ de yàomìng" のようにも言える。

4

部屋が散らかってる。

房间里乱七八糟的。

Fángjiānli luàn qī bā zāo de.

> "乱七八糟" は「めちゃくちゃだ」という意味の成語。

第 ❶ 章
朝

第 ❷ 章
通勤

第 ❸ 章
仕事

第 ❹ 章
家事

第 ❺ 章
買い物・
用事

第 ❻ 章
外食

第 ❼ 章
レジャー

第 ❽ 章
夜

5

全然くつろげないよ。

根本无法放松。

Gēnběn wúfǎ fàngsōng.

> "无法〜"「〜できない」は "没有办法〜 méiyǒu bànfǎ 〜" の書き言葉だが、話し言葉にも使う。実は左ページの1と同じ構造。

6

今日はメールないな。

今天没有电子邮件。

Jīntiān méiyǒu diànzǐ yóujiàn.

7

この本読み終えちゃおう。どこまで読んでたっけ？

把这本书看完吧。 看到哪儿了呢？

Bǎ zhèi běn shū kànwán ba. Kàndào nǎr le ne?

> 丸覚え
> 表現
>
> 看到哪儿了? (どこまで読んだっけ?)
> Kàndào nǎr le?
>
> 他の動詞を入れて "说到哪了? Shuōdào nǎr le?"「どこまで話したっけ?」のようにも使える。

前の文は "把" を使うので動詞 "看" が単独ではなく、結果補語 "完" がついている。

8

あ、ネットオークションであの古いレコード入札するの忘れちゃった。

对了，我忘了在网络拍卖会上投标竞买那张老唱片了。

Duì le, wǒ wàngle zài wǎngluò pāimàihuìshang tóubiāo jìngmǎi nèi zhāng lǎo chàngpiàn le.

"对了"は何かを思い出したり、思いついたりしたときに使う。

9

もうネットなしじゃ生きていけない！

没有网络我就活不下去了！

Méiyǒu wǎngluò wǒ jiù huóbuxiàqù le!

"没有网络"「ネットがない」＋"就"「そしたら」＋"活不下去"「生きていけない」という構造。文末の"了"はそういう状態になったということ。

10

私、ツイッター依存症かな？

我会不会是推特依赖症呢？

Wǒ huì bu huì shì Tuītè yīlàizhèng ne?

"会 ～ "は助動詞で、「～ のはずだ」という可能性を表す。「(練習して) ～ できる」よりも、こちらの用法が多い。

11

番組ちゃんと録画できたかな。

节目录好了吧。

Jiémù lùhǎo le ba.

"录好"は動詞＋結果補語。結果補語の"好"はよい状態になることを表す。

12

CMは飛ばして見よう。

跳过广告看吧。

Tiàoguò guǎnggào kàn ba.

"跳" は人や物が「跳ねる」意味もあるが、ここでは順序を「飛ばす」こと。

13

『LAリーガル』ってすっごく面白い。

《法律顾问》太有意思了。

《Fǎlǜ gùwèn》 tài yǒu yìsi le.

"太 〜 了" で程度が高いことを表している。

14

この連ドラに今はまってるんだよねえ。

我现在迷上了这部电视连续剧。

Wǒ xiànzài míshangle zhèi bù diànshì liánxùjù.

この方向補語 "上" は、動作が始まって継続することを表す。例）"爱上 àishang" 「好きになる」。

15

次の回が待ち遠しいなあ。

真盼望能早点看到下一集。

Zhēn pànwàng néng zǎo diǎn kàndào xià yì jí.

ドラマなどの「〜回」「〜話」を "〜集" と言う。

第 **1** 章
朝

第 **2** 章
通勤

第 **3** 章
仕事

第 **4** 章
家事

第 **5** 章
買い物・
用事

第 **6** 章
外食

第 **7** 章
レジャー

第 **8** 章
夜

16

あの女優が恋人とまた別れた？　どうでもいいよ。

那个女演员又和男朋友分手了？ 跟我无关啊。

Nèige nǚyǎnyuán yòu hé nánpéngyou fēnshǒu le? Gēn wǒ wúguān a.

 跟我无关。/无所谓。(どうでもいい。/知ったことじゃない。)
Gēn wǒ wúguān./Wúsuǒwèi.

"无关"は「関係ない」、"无所谓"は「どうでもいい」。

"又"は前にもあったことが繰り返されたときに使う。これから繰り返す場合は "再 zài"。

17

いいとこ突いてる。このコメンテーター頭いいなあ。

说到点子上了。 这位评论员可真有智慧啊。

Shuōdào diǎnzishang le. Zhèi wèi pínglùnyuán kě zhēn yǒu zhìhuì a.

说到点子上了。(いいとこ突いてる。)
Shuōdào diǎnzishang le.

"说到"は動詞＋結果補語で、"说"という動作がどこに及ぶかを示している。"点子"は「ポイント」「要点」。

"这位"は"这一位"の略。"位"は敬意を持って人を数える量詞。

18

やだ、太っちゃった。

糟糕，我胖了。

Zāogāo, wǒ pàng le.

"胖" は「太る」、"瘦 shòu" は「痩せる」だが、自分の意思として「痩せなきゃ」のような場合は次の "减肥" を使うほうがよい。

19

ダイエットしなきゃ。

得减肥了。

Děi jiǎnféi le.

"了" をつけることで、ダイエットしなければならない状況に「なった」ことを表す。

20

夜食食べようかな？　いや、やめとこ。

吃点儿夜宵吧？ 算了，不吃了。

Chī diǎnr yèxiāo ba? Suàn le, bù chī le.

"算了" は「もういい」「やめにする」。"不 ～ 了" は「 ～ しないことにした」。

第 ❶ 章
朝

第 ❷ 章
通勤

第 ❸ 章
仕事

第 ❹ 章
家事

第 ❺ 章
買い物・
用事

第 ❻ 章
外食

第 ❼ 章
レジャー

第 ❽ 章
夜

21

爪切らなきゃ。

得剪指甲。

Děi jiǎn zhǐjia.

> 「切る」は道具によって使う動詞が異なる。"剪" ははさみの場合。包丁なら "切 qiē"。

22

熱いお風呂にゆっくりつかりたい。

我想好好泡个热水澡。

Wǒ xiǎng hǎohǎo pào ge rèshuǐzǎo.

> "泡热水澡" でもよいが、"个" を入れることで「気軽にする」というニュアンスになる。

23

お風呂につかりながら本を読むのが好き。

我喜欢边泡澡边看书。

Wǒ xǐhuan biān pàozǎo biān kàn shū.

> "边 〜 边…" は「〜しながら…する」という決まり文句。

24

シャワーの出が悪いな。

淋浴喷头出水不畅。

Línyù pēntóu chūshuǐ bú chàng.

> "不畅" は「スムーズでない」ということ。

お肌はあんまり強くこすっちゃだめなんだよね。

皮肤是不能用力搓的。

Pífū shì bù néng yònglì cuō de.

"用力" は「力を入れる」。

風呂上がりにはビールが飲みたい!

洗完澡后我想喝杯啤酒!

Xǐwán zǎo hòu wǒ xiǎng hē bēi píjiǔ!

"喝杯酒" は "喝一杯酒" の略。"喝酒" でもよいが、"(一) 杯" が入ると「ちょっと一杯やる」といったニュアンスになる。

〈ビールを一杯飲んだ後〉うーん、生き返るなあ。

哦，我又有精神了。

Ò, wǒ yòu yǒu jīngshen le.

直訳は「また元気が出た」。"精神" は "jīngshén" と読めば「精神」、"jīngshen" と読めば「元気」の意味になる。

今夜は熱帯夜になりそうだ。

今晚可能会是一个热带夜。

Jīnwǎn kěnéng huì shì yí ge rèdàiyè.

"可能" も "会" も可能性を表す助動詞。重ねて使うこともある。

第**①**章
朝

第**②**章
通勤

第**③**章
仕事

第**④**章
家事

第**⑤**章
買い物・
用事

第**⑥**章
外食

第**⑦**章
レジャー

第**⑧**章
夜

29

エアコン強くしよう。

把空调开大点儿。

Bǎ kōngtiáo kāidà diǎnr.

> この "开" は機械を「操作する」。後に結果補語の "大" を伴って「強くする」となる。

30

枕カバーがごわごわする。

枕套发硬。

Zhěntào fāyìng.

> "发"＋形容詞で「～になる」。例）"发臭 fāchòu"「臭くなる」、"发黄 fāhuáng"「黄ばむ」。

31

柔軟剤入れ忘れたかな？

忘了放柔顺剂了？

Wàngle fàng róushùnjì le?

> "放 ～" は「～を入れる」。「置く」という意味の場合はよく "放在 ～"「～に置く」の形で使う。

32

彼女、また寝言言ってる。

她又在说梦话。

Tā yòu zài shuō mènghuà.

> この "在" は動詞の前に置いて、動作が進行中であることを表す。

きっと疲れてるんだよ。

一定是累了。

Yídìng shì lèi le.

> "一定～"で「きっと～だ」。"不一定～　bù yídìng～"「～とは限らない」も
> 覚えておくと便利。

34

私、眠りが浅い人なのよねえ。

我是个睡眠浅的人。

Wǒ shì ge shuìmián qiǎn de rén.

> "～是个…"は"～是一个…"の略。主語について「こういうものだ」と説明する
> ような場合に使う。

35

いい夢が見られますように。

但愿能做个好梦。

Dànyuàn néng zuò ge hǎomèng.

> 「夢を見る」を"做梦"と言う。"做个好梦"は"做一个好梦"の略。「悪い夢」は"噩
> 梦 èmèng"。

第❶章
朝

第❷章
通勤

第❸章
仕事

第❹章
家事

第❺章
買い物・
用事

第❻章
外食

第❼章
レジャー

第❽章
夜

やってみよう／试试看

第8章に出てきたフレーズの復習です。
以下の日本語の意味になるよう中国語を完成させてください。答えはページの下にあります。

❶ YouTubeの動画を見る。 → P187
在YouTube上看（　　　　）。

❷ テレビゲームをする。 → P187
（　　　　）电子游戏。

❸ 筋肉をマッサージする。 → P191
按摩（　　　　）。

❹ ベッドに横になる。 → P193
（　　　　）在床上。

❺ 全然くつろげないよ。 → P195
根本无法（　　　　）。

❻ あの女優が恋人とまた別れた？　どうでもいいよ。 → P198
那个女演员又和男朋友（　　　　）了？跟我无关啊。

❼ やだ、太っちゃった。 → P199
糟糕，我（　　　　）了。

❽ ダイエットしなきゃ。 → P199
得（　　　　）了。

❾ 爪切らなきゃ。 → P200
得（　　　　）指甲。

❿ いい夢が見られますように。 → P203
但愿能（　　　　）个好梦。

答え
❶ 视频　　　　　　❻ 分手
❷ 玩儿　　　　　　❼ 胖
❸ 肌肉　　　　　　❽ 减肥
❹ 躺　　　　　　　❾ 剪
❺ 放松　　　　　　❿ 做

会話にトライ！

会话

本書に出てきた
さまざまなフレーズは、
もちろん日常会話でも
使えるものばかり。

各章に2つずつ、
会話形式のストーリーを用意しました。
音声に合わせて
繰り返し練習しましょう。

会話 / 会话

朝の会話を聞いてみよう

❶ 目覚めれば、いたれりつくせりの朝

男 : 早! 睡得好吗?
　　 Zǎo! Shuìde hǎo ma?

女 : 都7点了❶? 糟了，我睡过头了！可还是很困。
　　 Dōu qī diǎn le? Zāo le, wǒ shuìguòtóu le! Kě háishi hěn kùn.

男 : 今天天气不错啊。我给你做鸡蛋，煎鸡蛋怎么样?
　　 Jīntiān tiānqì búcuò a. Wǒ gěi nǐ zuò jīdàn, jiānjīdàn zěnmeyàng?

女 : 好啊，不过我更喜欢吃炒鸡蛋，而不是❷煎鸡蛋。
　　 Hǎo a, búguò wǒ gèng xǐhuan chī chǎojīdàn, ér bú shì jiānjīdàn.

男 : 没问题呀，我也会做。
　　 Méi wèntí ya, wǒ yě huì zuò.

女 : 我想喝咖啡……哎呀，这杯咖啡太烫了!
　　 Wǒ xiǎng hē kāfēi……āiyā, zhèi bēi kāfēi tài tàng le!

男 : 抱歉。你先喝这杯❸果汁，等咖啡凉了再❹喝吧。
　　 Bàoqiàn. Nǐ xiān hē zhèi bēi guǒzhī, děng kāfēi liángle zài hē ba.

第 **1** 章
朝

第 **2** 章
通勤

第 **3** 章
仕事

第 **4** 章
家事

第 **5** 章
買い物・
用事

第 **6** 章
外食

第 **7** 章
レジャー

第 **8** 章
夜

男性：おはよう。よく眠れた？

女性：もう7時なの？　どうしよ、寝過ごしちゃった！　でもまだ眠い～。

　男：ねえ、今日はいい天気だよ。卵焼こうか、目玉焼きはどう？

　女：うん、でも目玉焼きよりスクランブルエッグの方がいいんだけど。

　男：わけないさ、それも作れるから。

　女：コーヒー飲みたいわ…う、このコーヒー熱過ぎ！

　男：ごめん。さあ、コーヒーが冷めるまでこのジュース飲んでて。

語注

❶ 都～了 dōu～le：もう～だ。"都" の後ろに時間詞がある場合、時間が遅い、または長いことを表す。"已经～了 yǐjīng～le" と置き換えられる。

❷ 更喜欢…而不是～ gèng xǐhuan…ér bú shì～：～より…が好きだ。"比起～更喜欢… bǐqǐ～gèng xǐhuan…" と同じ。

"而" は、ここでは逆接を表す接続詞。

❸ 杯 bēi：コップ状の容器を単位に数える量詞。例えば、一杯茶（yì bēi chá /1杯のお茶）。

❹ 等～再… děng～zài…：～まで待って、それから…。

会話 ／ 会话

朝の会話を聞いてみよう

❷ ちょっぴり不調な朝もある

男：早! 我给你做点儿早餐吃?
Zǎo! Wǒ gěi nǐ zuò diǎnr zǎocān chī?

女：早啊! 不吃了，我没有胃口 ❶。今天有一个求职 ❷面试，我很紧张。
Zǎo a! Bù chī le, wǒ méiyǒu wèikǒu. Jīntiān yǒu yí ge qiúzhí miànshì, wǒ hěn jǐnzhāng.

男：别紧张了，肯定没问题的。
Bié jǐnzhāng le, kěndìng méi wèntí de.

女：我也希望如此 ❸。可是你看，这件衬衣皱巴巴的，裙子也太紧。哎哟，扣子也掉了一个。
Wǒ yě xīwàng rúcǐ. Kěshì nǐ kàn, zhèi jiàn chènyī zhòubābā de, qúnzi yě tài jǐn. Āiyō, kòuzi yě diàole yí ge.

男：你真的不想吃?
Nǐ zhēn de bù xiǎng chī?

女：嗯，不吃了。我今天不吃早饭了。
Ng, bù chī le. Wǒ jīntiān bù chī zǎofàn le.

男：好吧。那你别忘了出门带把伞。
Hǎo ba. Nà nǐ bié wàngle chūmén dài bǎ sǎn.

女：不会吧 ❹，又在下雨?
Bú huì ba, yòu zài xià yǔ?

第 **1** 章
朝

第 **2** 章
通勤

第 **3** 章
仕事

第 **4** 章
家事

第 **5** 章
買い物・
用事

第 **6** 章
外食

第 **7** 章
レジャー

第 **8** 章
夜

男性：おはよう。何か朝食作ろうか？

女性：おはよう。ごはんはいらないわ。食欲ないの。就職の面接がある
　　　から緊張しちゃって。

　男：気を楽にして。絶対うまくいくよ。

　女：そうだといいんだけど、でも見て、シャツはしわしわだし、スカー
　　　トはきつきつだし。あ、ボタンも１つ取れてる。

　男：本当に食べたくないの？

　女：うん、いらない。今日は朝ごはんは抜くことにする。

　男：オーケー、じゃ、傘持ってくの忘れないでね。

　女：ええ〜っ。また雨降ってんの？

語注

❶胃口 wèikǒu：食欲。

❷求职 qiúzhí：仕事を探す。

❸希望如此 xīwàng rúcǐ：そうあって欲しい。

❹不会吧 bú huì ba：（信じられないというニュ
アンスで）ありえないでしょう。

会話 / 会话

通勤の話題を聞いてみよう

❶ 通勤するだけで一仕事

女：辛苦了！今天一天怎么样❶？
Xīnkǔ le! Jīntiān yì tiān zěnmeyàng?

男：还行吧。电车晚点❷了，站台上挤满❸了人。
Hái xíng ba. Diànchē wǎndiǎn le, zhàntáishang jǐmǎnle rén.

女：哎呀，那可是挺麻烦的。
Āiyā, nà kěshì tǐng máfan de.

男：好不容易❹等到电车来后上了车。很幸运，我找到了一个空座位。
Hǎobù róngyì děngdào diànchē lái hòu shàngle chē. Hěn xìngyùn, wǒ zhǎodàole yí ge kòng zuòwèi.

女：太好了！
Tài hǎo le!

男：可是我发现有一个老奶奶站在我面前。
Kěshì wǒ fāxiàn yǒu yí ge lǎonǎinai zhànzài wǒ miànqián.

女：你让座了吗？
Nǐ ràngzuò le ma?

男：让了。好在我没有站多长时间，五分钟后我也到站下车了。不过真烦啊，我真不想坐拥挤的电车。
Ràng le. Hǎozài wǒ méiyǒu zhàn duō cháng shíjiān, wǔ fēnzhōng hòu wǒ yě dào zhàn xià chē le. Búguò zhēn fán a, wǒ zhēn bù xiǎng zuò yōngjǐ de diànchē.

第❶章
朝

第❷章
通勤

第❸章
仕事

第❹章
家事

第❺章
買い物・
用事

第❻章
外食

第❼章
レジャー

第❽章
夜

女性：おつかれさん、今日はどんなだった？

男性：まあまあかな。電車が遅れて、ホームは待ってる人であふれてたよ。

女：あら、それは困るわねえ。

男：やっと電車が来て乗ったんだよ。席を探したらラッキーなことに1つ空いててさ。

女：よかったじゃない！

男：とその時、目の前に老婦人が立ってるのに気づいたんだ。

女：席を譲ってあげた？

男：うん。だけど幸いそんなに長くは立たないですんだよ。5分後にはいつもの駅で降りたからね。でもやだねえ、込んでる電車に乗るのはほんと嫌だ。

語注

❶怎么样 zěnmeyàng：どうですか？／どうでしたか？

❷晚点 wǎndiǎn：（交通機関が）遅れる。人が遅くなった場合は "迟到 chídào" と言う。

❸挤满 jǐmǎn：人がいっぱいになる。

❹好不容易 hǎobù róngyì：やっとのことで。

会話 / 会话

通勤の話題を聞いてみよう

❷ いいことずくめの自転車通勤だけど…

女 ： 你今天来公司比平时❶早啊。
Nǐ jīntiān lái gōngsī bǐ píngshí zǎo a.

男 ： 对，我是骑车到车站的。
Duì, wǒ shì qí chē dào chēzhàn de.

女 ： 这个想法不错啊。
Zhèige xiǎngfǎ búcuò a.

男 ： 是啊。不仅能锻炼身体，还❷能节约时间。
Shì a. Bùjǐn néng duànliàn shēntǐ, hái néng jiéyuē shíjiān.

女 ： 我开车上班，可是每天堵车很严重。我很讨厌早上堵车。到了公司
呢，又得❸考虑❹把车停在哪儿。
Wǒ kāichē shàngbān, kěshì měitiān dǔchē hěn yánzhòng. Wǒ hěn
tǎoyàn zǎoshang dǔchē. Dàole gōngsī ne, yòu děi kǎolǜ bǎ chē tíngzài
nǎr.

男 ： 你上下班可以骑自行车呀？
Nǐ shàngxiàbān kěyǐ qí zìxíngchē ya?

女 ： 我的自行车刹车不太灵❺，所以我根本不❻想骑。
Wǒ de zìxíngchē shāchē bútài líng, suǒyǐ wǒ gēnběn bù xiǎng qí.

第❶章
朝

第❷章
通勤

第❸章
仕事

第❹章
家事

第❺章
買い物・
用事

第❻章
外食

第❼章
レジャー

第❽章
夜

女性：今日、会社に来るのいつもより早いじゃない。

男性：うん、駅まで自転車使ったんだ。

女：それはいい考えね。

男：そうだね、いい運動になるし時間も短縮できるし。

女：私は車通勤なんだけど、毎日渋滞がひどくて。朝の渋滞って嫌だ
わあ。そして職場に着いたら着いたで、いつもどこに車を止める
か考えなきゃならないし。

男：自転車で通勤できるんじゃないかな？

女：私の自転車、ブレーキがよくかからないから、乗ってみる気にも
ならないわ。

語注

❶ 平时 píngshí：ふだん。日頃。

❷ 不仅～还… bùjǐn～hái…：～だけでは
なく、…も。

❸ 得～ děi～：～しなければならない。口
語でよく用いる助動詞。否定は "不用～

búyòng～"。

❹ 考虑 kǎolǜ：考える。

❺ 不太灵 bútài líng：あまり利かない。

❻ 根本不～ gēnběn bù～：全く～ない。

会話 / 会话

オフィスの会話を聞いてみよう

❶ 会議で私、何をやればいいんですか？

上司 ： 你做好去开会的准备❶了吗？
Nǐ zuòhǎo qù kāihuì de zhǔnbèi le ma?

部下 ： 好了。可是每次开会我都很紧张。我想问一下，开会的时候，我做些❷什么工作呢？
Hǎo le. Kěshì měicì kāihuì wǒ dōu hěn jǐnzhāng. Wǒ xiǎng wèn yíxià, kāihuì de shíhou, wǒ zuò xiē shénme gōngzuò ne?

上司 ： 我跟客户打招呼后进行自我介绍，再把你作为我的助手介绍给他们，接着❸交换名片。
Wǒ gēn kèhù dǎ zhāohu hòu jìnxíng zìwǒ jièshào, zài bǎ nǐ zuòwéi wǒ de zhùshǒu jièshàogěi tāmen, jiēzhe jiāohuàn míngpiàn.

部下 ： 好的。
Hǎo de.

上司 ： 之后❹进行合同谈判。我希望你主要在签订合同的时候能帮忙。
Zhīhòu jìnxíng hétong tánpàn. Wǒ xīwàng nǐ zhǔyào zài qiāndìng hétong de shíhou néng bāngmáng.

部下 ： 我知道了。
Wǒ zhīdao le.

上司 ： 我们12点左右吃午饭，休息一下❺吧。
Wǒmen shí'èr diǎn zuǒyòu chī wǔfàn, xiūxi yíxià ba.

第❶章
朝

第❷章
通勤

第❸章
仕事

第❹章
家事

第❺章
買い物・
用事

第❻章
外食

第❼章
レジャー

第❽章
夜

上司：会議に入る準備はできた？

部下：ええ、でも会議ではいつも緊張しちゃうんです。あの、質問なん
　　　ですけど、会議での私の役目は何ですか？

上司：私がクライアントにあいさつして自己紹介する。それから君をアシ
　　　スタントとして先方に紹介する。そして名刺交換だ。

部下：そうですね。

上司：それから、契約の交渉に入る。君には主に契約を取り結ぶ段階
　　　になって手伝ってもらいたい。

部下：なるほど。

上司：12時ごろにランチ休憩を取ろう。

語注

❶ 做好～准备 zuòhǎo ～ zhǔnbèi：～の準
　備をしておく。

❷ 些 xiē：不定の数量を表す量詞。

❸ 再～接着… zài ～ jiēzhe…：（順序を立て

て話すときに使う言葉）次に～それから…。

❹ 之后 zhīhòu：それから。その後。

❺ 一下 yíxià：（動詞の後に置き）少し。ちょっ
　と。

会話 / 会话

オフィスの会話を聞いてみよう

❷ おっと、パソコンが！

女：没事❶吧？我看你好像很慌乱❷。
Méishì ba? Wǒ kàn nǐ hǎoxiàng hěn huāngluàn.

男：我今天太忙了。这个电子表格❸也没用。
Wǒ jīntiān tài máng le. Zhèige diànzǐ biǎogé yě méiyòng.

女：我来❹帮你吧？
Wǒ lái bāng nǐ ba?

男：拜托❺了。我不会用Excel软件。哎呀，真弄不懂。
Bàituō le. Wǒ bú huì yòng Excel ruǎnjiàn. Āiyā, zhēn nòngbudǒng.

女：那个资料我来做吧。
Nèige zīliào wǒ lái zuò ba.

男：谢谢。我把数据资料给你。哎哟，电脑自动关机了！
Xièxie. Wǒ bǎ shùjù zīliào gěi nǐ. Āiyō, diànnǎo zìdòng guānjī le!

女：文件保存了吗？
Wénjiàn bǎocún le ma?

男：不清楚❻！幸运的是最近安装的软件每隔十分钟会把文件备份到外部应用服务器上。
Bù qīngchu! Xìngyùn de shì zuìjìn ānzhuāng de ruǎnjiàn měi gé shí fēnzhōng huì bǎ wénjiàn bèifèndào wàibù yìngyòng fúwùqìshang.

女：那就不用担心了。
Nà jiù búyòng dānxīn le.

第❶章
朝

第❷章
通勤

第❸章
仕事

第❹章
家事

第❺章
買い物・
用事

第❻章
外食

第❼章
レジャー

第❽章
夜

女性：**大丈夫？　混乱してるみたいだけど。**

男性：**今日は超忙しい。スプレッドシート、役に立たないし。**

　女：**手伝おうか？**

　男：**頼む。エクセル全然使えなくて。ああ、わからない。**

　女：**それ、私がやるわ。**

　男：**ありがと。データ渡すね。あ、パソコンが落ちた！**

　女：**ファイルは保存した？**

　男：**さあね！　運よく、最近入れたソフトが10分ごとに外部サーバー
　　　にバックアップするんだ。**

　女：**じゃあ心配ないわね。**

語注

❶ 没事 méishì：問題ない。大丈夫。

❷ 慌乱 huāngluàn：慌てふためく。

❸ 电子表格 diànzǐ biǎogé：スプレッドシー
ト。

❹ 来 lái：（ほかの動詞の前に置き）何かをしよ
うとする。

❺ 拜托 bàituō：（敬語）お願いする。

❻ 不清楚 bù qīngchu：はっきりしない。わ
からない。

会話 / 会话

家族の会話を聞いてみよう

❶ 料理下手の定番メニューと言えば…

男 ： 晚饭吃什么?
Wǎnfàn chī shénme?

女 ： 嗯，你知道我不太会❶做饭，不过，我会做咖喱饭。
Ng, nǐ zhīdao wǒ bútài huì zuò fàn, búguò, wǒ huì zuò gālífàn.

男 ： 是吗? 咖喱饭不好做吧?
Shì ma? Gālífàn bù hǎo zuò ba?

女 ： 不难的。削去土豆皮、把洋葱切碎、胡萝卜切丁。
之后炒蔬菜……就是这样，接下来就简单了。
Bù nán de. Xiāoqu tǔdòu pí、bǎ yángcōng qiēsuì、húluóbo qiēdīng.
Zhīhòu chǎo shūcài……jiùshì zhèiyàng, jiēxialai jiù jiǎndān le.

男 ： 要我帮忙吗❷?
Yào wǒ bāngmáng ma?

女 ： 好啊。你把锅放在炉子上之后少放点儿❸油。你能这样做我就很感谢了。
Hǎo a. Nǐ bǎ guō fàngzài lúzishang zhīhòu shǎo fàng diǎnr yóu. Nǐ néng zhèiyàng zuò wǒ jiù hěn gǎnxiè le.

男 ： 吃完饭后，我来洗碗。
Chīwán fàn hòu, wǒ lái xǐ wǎn.

女 ： 谢谢。
Xièxie.

第❶章
朝

第❷章
通勤

第❸章
仕事

第❹章
家事

第❺章
買い物・
用事

第❻章
外食

第❼章
レジャー

第❽章
夜

男性：晩ごはんは何？

女性：えっと、私って料理得意じゃないでしょ、でもカレーなら作れるわ。

男：そう？　カレーって難しいでしょ？

女：難しいことないわ。ジャガイモの皮をむいて、タマネギを刻んでニンジンをさいの目に切る。それから野菜を炒めて…そうね、後は簡単よ。

男：手伝おうか。

女：ええ、お願い。鍋をコンロに置いて油を薄く引いてちょうだい。そしたらすごく助かる。

男：食べ終わったら、お皿は僕が洗うよ。

女：ありがとう。

語注

❶ 不太会～ bútài huì ～：あまり～できない。ここでは "不擅长～ bú shàncháng ～" とも言う。

❷ 要～吗 yào ～ ma：「～が必要かどうか」を相手に尋ねる言い方。"要我帮忙吗?" を

"我来帮你吧？ Wǒ lái bāng nǐ ba?" と言ってもよい。

❸ 少放点儿～ shǎo fàng diǎnr ～：～を少しだけ入れる。

会話 / 会话

家族の会話を聞いてみよう

❷ 入念な家事分担プラン

女：我们得打扫家里的卫生了。
　　Wǒmen děi dǎsǎo jiāli de wèishēng le.

男：这个周末打扫吧，谁负责❶哪里？
　　Zhèige zhōumò dǎsǎo ba, shéi fùzé nǎli?

女：要是你用吸尘器吸地毯的话❷，我来拖地板。
　　Yàoshi nǐ yòng xīchénqì xī dìtǎn dehuà, wǒ lái tuō dìbǎn.

男：好的。我把窗户也擦了，只要在水桶里把抹布弄湿就❸可以擦了吧。
　　Hǎo de. Wǒ bǎ chuānghu yě cā le, zhǐyào zài shuǐtǒngli bǎ mābù nòngshī jiù kěyǐ cā le ba.

女：那你也负责把垃圾分类后扔掉，好吗？
　　Nà nǐ yě fùzé bǎ lājī fēnlèi hòu rēngdiào, hǎo ma?

男：没问题。
　　Méi wèntí.

女：在这个时间，我把浴缸擦洗干净后洗衣服。
　　Zài zhèige shíjiān, wǒ bǎ yùgāng cāxǐgānjìng hòu xǐ yīfu.

男：对了❹，你洗衣服别❺忘了放柔顺剂。洗好后，我来晾晒。
　　Duìle, nǐ xǐ yīfu bié wàngle fàng róushùnjì. Xǐhǎo hòu, wǒ lái liàngshài.

女性：この家、掃除しなきゃね。

男性：今週末にやろう。だれが何をやる？

女：あなたがカーペットに掃除機かけてくれたら、私が床にモップを
　　かけるわ。

男：オーケー、僕は窓もふくよ。雑巾をバケツに入れてぬらせばいい
　　んだよね。

女：ゴミを分別して出すのもやってくれない？

男：わかった。

女：その間、私は浴槽を磨いて洗濯をするわ。

男：あ、柔軟剤入れるの忘れないでね。君の洗濯が終わったら、干
　　すのは僕がやるよ。

語注

❶ 负责 fùzé：責任を持つ。

❷ 要是〜的话 yàoshi 〜dehuà：もし〜なら。

❸ 只要〜就… zhǐyào 〜jiù…：〜しさえす
れば…する。

❹ 对了 duìle：(関連することを思い出して) そう
だ。

❺ 別〜 bié〜：〜するな。〜しないように。"不
要 búyào" に置き換えることもできる。

第❶章
朝

第❷章
通勤

第❸章
仕事

第❹章
家事

第❺章
買い物・
用事

第❻章
外食

第❼章
レジャー

第❽章
夜

会話 / 会话

買い物の一幕を聞いてみよう

❶ お客様、残高はマイナスでございます

女： 欢迎光临储蓄❶银行！请问您要办理❷什么业务❸？
Huānyíng guānglín Chǔxù yínháng! Qǐngwèn nín yào bànlǐ shénme yèwù?

男： 我的密码想不起来了，所以得改一个。
Wǒ de mìmǎ xiǎngbuqǐlái le, suǒyǐ děi gǎi yí ge.

女： 这很容易❹。
Zhè hěn róngyì.

男： 对了，我想知道账户上的存款余额。
Duìle, wǒ xiǎng zhīdao zhànghùshang de cúnkuǎn yú'é.

女： 这位顾客，您的账户里已经没有存款了，余额是负数。
Zhèi wèi gùkè, nín de zhànghùli yǐjīng méiyǒu cúnkuǎn le, yú'é shì fùshù.

男： 你说什么？哇！那我得往❺账户里存点儿钱，因为房租是银行自动转账。糟了，真的是没钱了。怎么熬到下一个发工资的日子呢？
Nǐ shuō shénme? Wa! Nà wǒ děi wǎng zhànghùli cún diǎnr qián, yīnwèi fángzū shì yínháng zìdòng zhuǎnzhàng. Zāo le, zhēn de shì méi qián le. Zěnme áodào xià yí ge fā gōngzī de rìzi ne?

女： 如果您愿意，可以申请银行贷款。
Rúguǒ nín yuànyi, kěyǐ shēnqǐng yínháng dàikuǎn.

男： 看来好像有这个必要。
Kànlái hǎoxiàng yǒu zhèige bìyào.

第❶章
朝

第❷章
通勤

第❸章
仕事

第❹章
家事

第❺章
買い物・
用事

第❻章
外食

第❼章
レジャー

第❽章
夜

女性：貯蓄銀行へようこそ。ご用件を承ります。

男性：暗証番号を思い出せないんです。だから変更しないと。

　女：おやすい御用です。

　男：ところで口座の残高を知りたいんですけど。

　女：お客様、口座にはもうご預金はございません。残高はマイナスで
　　　ございます。

　男：なんだって？　あ～あ、じゃあ口座にお金を入れないと。家賃が
　　　自動引き落としだからね。まいったなあ、まじでお金がないよ。
　　　次の給料日までどうやって暮らせばいいんだ？

　女：よろしければ銀行ローンをご利用できますが。

　男：どうやらその必要がありそうだ。

語注

❶儲蓄 chǔxù：貯金。蓄え。

❷办理 bànlǐ：手続きをする。

❸业务 yèwù：(専門的な) 仕事。業務。

❹这很容易 zhè hěn róngyì：直訳すると「こ

のことは簡単にできる」。砕けた言い方だ
と "小菜一碟xiǎo cài yì dié" になる。

❺往～ wǎng～：(動作の方向を表す) ～に。
　　～へ。

MP3

39

会話 / 会话

買い物の一幕を聞いてみよう

❷ 特売品を探して

女： 今天什么东西便宜❶?
Jīntiān shénme dōngxi piányi?

男： 这种牛肉半价❷销售。
Zhèi zhǒng niúròu bànjià xiāoshòu.

女： 嗯，我不知道是否便宜。鱼呢？这个生鱼片新鲜吗？
Ng, wǒ bù zhīdào shìfǒu piányi. Yú ne? Zhèige shēngyúpiàn xīnxiān ma?

男： 那不用❸说，非常新鲜。
Nà búyòng shuō, fēicháng xīnxiān.

女： 我只是想随便逛逛看。我没有多少钱，所以想看看有没有什么特价商品。
Wǒ zhǐshì xiǎng suíbiàn guàngguang kàn. Wǒ méiyǒu duōshao qián, suǒyǐ xiǎng kànkan yǒu méiyǒu shénme tèjià shāngpǐn.

男： 是这样啊，那你慢慢看吧。
Shì zhèiyàng a, nà nǐ mànmàn kàn ba.

女： 我不知道该买这个鸡肉，还是买那个鱼，要是能便宜点儿的话就好了。
Wǒ bù zhīdào gāi mǎi zhèige jīròu, háishi mǎi nèige yú, yàoshi néng piányi diǎnr dehuà jiù hǎo le.

男： 鸡肉可以便宜。
Jīròu kěyǐ piányi.

女： 真的？太好了！那给我这个吧。
Zhēn de? Tài hǎo le! Nà gěi wǒ zhèige ba.

第**❶**章
朝

第**❷**章
通勤

第**❸**章
仕事

第**❹**章
家事

第**❺**章
買い物・
用事

第**❻**章
外食

第**❼**章
レジャー

第**❽**章
夜

女性：今日は何が安いの？

男性：そうだね、この牛肉が半額だよ。

　女：う〜ん、どうかしら。魚は？　このお刺身は新鮮なの？

　男：そりゃもう、すごく新鮮だよ。

　女：あの、私ただぶらぶら見て回りたくて。あんまりお金がないから、何か特売品がないかと思ったのよ。

　男：なるほどね。ゆっくり見て回ってよ。

　女：この鶏肉とあの魚だと、どれを買ったらいいのか迷っちゃう。安くしてくれるとうれしいんだけど。

　男：鶏肉なら安くできるよ。

　女：ほんと？　やったあ！　じゃあこれくださいな。

語注

❶ 便宜 piányi：安い。対義語は "贵 guì"。

❷ 半价 bànjià：半額。"打五折 dǎ wǔ　　 zhé" とも言う。

❸ 不用〜 búyòng〜：〜する必要がない。

会話／会话

ディナーの話題を聞いてみよう

❶ 外でごはん食べない?

男： 去外面吃饭吧?
Qù wàimiàn chī fàn ba?

女： 行❶啊。吃意大利菜怎么样?
Xíng a. Chī Yìdàlìcài zěnmeyàng?

男： 我中午吃的是意大利菜。我想去拐角处❷的那家韩式餐厅。
Wǒ zhōngwǔ chī de shì Yìdàlìcài. Wǒ xiǎng qù guǎijiǎochù de nèi jiā hánshì cāntīng.

女： 好啊，那家餐厅今晚好像是无限畅饮。
Hǎo a, nèi jiā cāntīng jīnwǎn hǎoxiàng shì wúxiàn chàngyǐn.

男： 那就这样吧。我预订一下。
Nà jiù zhèiyàng ba. Wǒ yùdìng yíxià.

女： 需要预订吗?
Xūyào yùdìng ma?

男： 那家餐厅刚刚开张❸不久，我想还是慎重❹一些吧。
Nèi jiā cāntīng gānggāng kāizhāng bùjiǔ, wǒ xiǎng háishi shènzhòng yìxiē ba.

女： 知道了。那我们AA制付款吧。
Zhīdao le. Nà wǒmen AA zhì fùkuǎn ba.

男： 不，晚饭我请你。
Bù, wǎnfàn wǒ qǐng nǐ.

男性：外に出てごはん食べない？

女性：そうね。イタリアンはどうかしら。

　男：ランチにイタリアン食べたんだ。角の韓国料理店に行ってみたいんだけど。

　女：いいわね。あそこは確か今夜、飲み放題よ。

　男：オーケー。予約しとくよ。

　女：予約が必要かしら。

　男：ほら、あそこはオープンしたばっかりだろ、大事を取りたいんだ。

　女：了解、割り勘にしましょう。

　男：いやいや、夕飯はおごるよ。

語注

❶ 行 xíng：よろしい。賛成だ。

❷ 拐角处 guǎijiǎochù：角のところ。

❸ 刚刚开张 gānggāng kāizhāng：開店したばかり。

❹ 慎重 shènzhòng：慎重に。注意深く。

第❶章 朝

第❷章 通勤

第❸章 仕事

第❹章 家事

第❺章 買い物・用事

第❻章 外食

第❼章 レジャー

第❽章 夜

会話 / 会话

ディナーの話題を聞いてみよう

❷ 3名様、お通しします

女：欢迎光临❶！你们是几位❷？
Huānyíng guānglín! Nǐmen shì jǐ wèi?

男：三个人。可能的话，我们希望能坐靠窗的座位。
Sān ge rén. Kěnéng dehuà, wǒmen xīwàng néng zuò kào chuāng de zuòwèi.

女：非常抱歉，现在都坐满了。
Fēicháng bàoqiàn, xiànzài dōu zuòmǎn le.

男：是吗？那就随便❸吧，不过我们不想跟别人拼桌。
Shì ma? Nà jiù suíbiàn ba, búguò wǒmen bù xiǎng gēn biérén pīn zhuō.

女：那没有问题。三位请……这边请。
Nà méiyǒu wèntí. Sān wèi qǐng……zhèibiān qǐng.

男：有生啤酒吗？
Yǒu shēng píjiǔ ma?

女：有，啤酒很凉的。
Yǒu, píjiǔ hěn liáng de.

男：那太好了，来三杯啤酒。今天的推荐菜是什么？
Nà tài hǎo le, lái sān bēi píjiǔ. Jīntiān de tuījiàn cài shì shénme?

女：寿司拼盘❹。
Shòusī pīnpán.

男：那就算了❺，我不喜欢吃生海鲜。
Nà jiù suàn le, wǒ bù xǐhuan chī shēng hǎixiān.

228

第❶章
朝

第❷章
通勤

第❸章
仕事

第❹章
家事

第❺章
買い物・
用事

第❻章
外食

第❼章
レジャー

第❽章
夜

女性：いらっしゃいませ。何名様でいらっしゃいますか。

男性：3人です。できれば窓際の席がいいんだけど。

女：申し訳ございません、ただいま満席でございます。

男：そうかあ、じゃあどこでもいいけど、相席は勘弁してね。

女：その心配はございません、お客様…こちらへどうぞ。

男：生ビールある？

女：ございますよ、よく冷えております。

男：そりゃいい、ビール3つね。今日のお薦めは何？

女：おすしの盛り合わせでございます。

男：それはやめとこう。生の魚介類は苦手でね。

語注

❶ 欢迎光临 huānyíng guānglín：来客を
　迎える際のあいさつ言葉。"光临" は "来
　访 láifǎng" の敬語。

❷ 位 wèi：人を数えるときの単位（量詞。丁
　寧な言い方）。

❸ 随便 suíbiàn：制限を設けない。どこでも
　いい。

❹ 拼盘 pīnpán：盛り合わせ。

❺ 算了 suàn le：やめにする。やめる。

会話 / 会话

遊びの予定を聞いてみよう

〜〜〜〜〜〜〜

❶ 公園より遊園地で遊びたい！

男 ： 我们定一下明天的计划吧。
Wǒmen dìng yíxià míngtiān de jìhuà ba.

女 ： 好啊，干什么?
Hǎo a, gàn shénme?

男 ： 比方说❶在公园散步。
Bǐfāng shuō zài gōngyuán sànbù.

女 ： 公园散步啊……。我想去游乐场。
Gōngyuán sànbù a……. Wǒ xiǎng qù yóulèchǎng.

男 ： 如果去游乐场，那得排队买票啊。
Rúguǒ qù yóulèchǎng, nà děi páiduì mǎi piào a.

女 ： 嗯。不过我非常喜欢坐过山车。那儿的新型尖叫机器非常刺激。而且我也喜欢去鬼屋。
Ng. Búguò wǒ fēicháng xǐhuan zuò guòshānchē. Nàr de xīnxíng jiānjiào jīqì fēicháng cìjī. Érqiě wǒ yě xǐhuan qù guǐwū.

男 ： 好吧。也许能在网上买到❷票呢。
Hǎo ba. Yěxǔ néng zài wǎngshang mǎidào piào ne.

女 ： 真是太期待了。
Zhēn shì tài qīdài le.

第❶章
朝

第❷章
通勤

第❸章
仕事

第❹章
家事

第❺章
買い物・
用事

第❻章
外食

第❼章
レジャー

第❽章
夜

男性 ： 明日の予定を立てようよ。

女性 ： いいわね。何をする？

男 ： 公園で散歩するとか。

女 ： そうねえ、私は遊園地に行きたいなあ。

男 ： それだと、チケット買うのに並ばないといけないよ。

女 ： うん、だけど私、ジェットコースターに乗るのすっごく好きなのよ。
そこの新型絶叫マシーンがもうスリル満点で。それにお化け屋敷
も好きだし。

男 ： わかった。チケットはネットで買えるかもしれない。

女 ： すっごく楽しみ。

語注

❶ 比方说 bǐfāng shuō：例えば。"比方" "例
如 lìrú" ともいう。　❷ 买到 mǎidào：手に入る。

会話 ／ 会话

遊びの予定を聞いてみよう

❷ 映画を観に行こう

女 ： 明天去看电影吧？
Míngtiān qù kàn diànyǐng ba?

男 ： 现在在上映什么电影呢？
Xiànzài zài shàngyìng shénme diànyǐng ne?

女 ： 科恩兄弟❶的电影。你喜欢他们的电影吗？
Kē'ēn xiōngdì de diànyǐng. Nǐ xǐhuan tāmen de diànyǐng ma?

男 ： 嗯……他们的电影风格❷很独特啊。演员❸有谁？
Ng……tāmen de diànyǐng fēnggé hěn dútè a. Yǎnyuán yǒu shéi?

女 ： 乔治·克鲁尼。
Qiáozhì · Kèlǔní.

男 ： 好啊。我喜欢他的表演❹，这个电影好像很有意思呀。
Hǎo a. Wǒ xǐhuan tā de biǎoyǎn, zhèige diànyǐng hǎoxiàng hěn yǒu yìsi ya.

女 ： 明天会不会是女士日呢？
Míngtiān huì bu huì shì nǚshìrì ne?

男 ： 我觉得❺不是。你知道天气怎么样吗？
Wǒ juéde bú shì. Nǐ zhīdao tiānqì zěnmeyàng ma?

女 ： 明天不会下雨的，我敢肯定。
Míngtiān bú huì xià yǔ de, wǒ gǎn kěndìng.

女性：明日は映画に行く？

男性：今、何やってるの？

女：コーエン兄弟の映画。彼らの映画は好き？

男：そうねえ…独特だよねえ。だれが出てるの？

女：ジョージ・クルーニーよ。

男：オーケー、彼の演技は好きなんだ、面白そうじゃないか。

女：明日はレディースデイだったかしら。

男：違うと思うけど。天気はどうなるか知ってる？

女：明日は降らないわ。絶対よ。

語注

❶ 科恩兄弟 Kē'ēn xiōngdì：アメリカ人兄弟で、ともに映画監督。

❷ 电影风格 diànyǐng fēnggé：映画のスタイル、表現方法。

❸ 演员 yǎnyuán：俳優。役者。

❹ 表演 biǎoyǎn：演技。演じる。

❺ 觉得 juéde：感じる。思う。

第❶章
朝

第❷章
通勤

第❸章
仕事

第❹章
家事

第❺章
買い物・用事

第❻章
外食

第❼章
レジャー

第❽章
夜

会話／会话

眠さに負けず聞いてみよう

❶ テレビより何よりとにかく眠い

男 ： 累死了！我想洗个❶澡就睡觉。
Lèisǐ le! Wǒ xiǎng xǐ ge zǎo jiù shuìjiào.

女 ： 你对这个电视节目不感兴趣❷吗？我现在迷上了这部电视连续剧。
《法律顾问》真是太有意思了！我盼望能早点看下一集。
Nǐ duì zhèige diànshì jiémù bù gǎn xìngqù ma? Wǒ xiànzài míshangle
zhèi bù diànshì liánxùjù. 《Fǎlǜ gùwèn》 zhēn shì tài yǒu yìsi le! Wǒ
pànwàng néng zǎo diǎn kàn xià yì jí.

男 ： 比起看电视，我更喜欢泡澡时看书。总之，我现在很想睡觉。
Bǐqi kàn diànshì, wǒ gèng xǐhuan pàozǎo shí kàn shū. Zǒngzhī, wǒ
xiànzài hěn xiǎng shuìjiào.

女 ： 今晚可能会是一个热带夜，我会把卧室❸的空调开大的。
Jīnwǎn kěnéng huì shì yí ge rèdàiyè, wǒ huì bǎ wòshì de kōngtiáo
kāidà de.

男 ： 谢谢。对了，我睡眠比较浅，你能把电视机的音量调❹小一些吗？
Xièxie. Duìle, wǒ shuìmián bǐjiào qiǎn, nǐ néng bǎ diànshìjī de
yīnliàng tiáoxiǎo yìxiē ma?

女 ： 好的，我知道了。晚安！
Hǎo de, wǒ zhīdao le. Wǎn'ān!

男性：もうくたくただ。風呂入って寝たいよ。

女性：このテレビ番組に興味ない？ 今、この連ドラにはまってるの。『LA
　　　リーガル』すっごく面白いわよ！ 次の回が待ちきれない。

　男：僕はテレビ観るよりバスタブにつかって本でも読む方が好きだね。
　　　とにかく、眠りたいんだ。

　女：今夜は熱帯夜になりそうだから、寝室のエアコンを強くしとくわ。

　男：ありがと。ところで、僕は眠りが浅いからテレビのボリューム下げ
　　　といてくれるかな。

　女：わかったわ。お休みなさい。

第❶章 朝

第❷章 通勤

第❸章 仕事

第❹章 家事

第❺章 買い物・用事

第❻章 外食

第❼章 レジャー

第❽章 夜

語注

❶个 ge：(動作の回数を表す動量詞としての働き
　を持つ) 一回。ちょっと。

❷对～感兴趣 duì ～ gǎn xìngqù：～に興
　味を持つ。

❸卧室 wòshì：寝室。ちなみに "客厅
　kètīng" は「リビングルーム」で、"厨房
　chúfáng" は「キッチン」のこと。

❹调 tiáo：調節する。

会話 ／ 会话

眠さに負けず聞いてみよう

❷ 夕べは何してたの？

母 ： 你昨天晚上在干什么呢？
　　　Nǐ zuótiān wǎnshang zài gàn shénme ne?

息子 ： 我回来得很晚，换了衣服后就一直在休息、放松自己。怎么了❶？
　　　Wǒ huíláide hěn wǎn, huànle yīfu hòu jiù yìzhí zài xiūxi、fàngsōng zìjǐ. Zěnme le?

母 ： 我11点左右❷给你打电话了。
　　　Wǒ shíyī diǎn zuǒyòu gěi nǐ dǎ diànhuà le.

息子 ： 我戴着耳机❸在听喜欢的音乐专辑。因为怕❹影响邻居，我用智能手机听音乐。
　　　Wǒ dàizhe ěrjī zài tīng xǐhuan de yīnyuè zhuānjí. Yīnwèi pà yǐngxiǎng línjū, wǒ yòng zhìnéng shǒujī tīng yīnyuè.

母 ： 噢，原来是这样啊。
　　　Ò, yuánlái shì zhèiyàng a.

息子 ： 听完音乐后，我又在网上看了一部电影，之后又查看了电子邮件。
　　　Tīngwán yīnyuè hòu, wǒ yòu zài wǎngshang kànle yí bù diànyǐng, zhīhòu yòu chákànle diànzǐ yóujiàn.

母 ： 你不会是网络依赖症吧？
　　　Nǐ bú huì shì wǎngluò yīlàizhèng ba?

息子 ： 也许是。没有网络我就活不下去了。音乐也是从网上买的，就是❺从网上下载。
　　　Yěxǔ shì. Méiyǒu wǎngluò wǒ jiù huóbuxiàqù le. Yīnyuè yě shì cóng wǎngshang mǎi de, jiùshì cóng wǎngshang xiàzài.

第❶章
朝

第❷章
通勤

第❸章
仕事

第❹章
家事

第❺章
買い物・
用事

第❻章
外食

第❼章
レジャー

第❽章
夜

　母：夕べは何してたの？

息子：帰りが遅くて、着替えてひたすらまったり。なんで？

　母：11時くらいに電話したんだけど。

息子：ヘッドフォンつけて好きなアルバム聴いてた。近所迷惑になっちゃ
　　　いけないから、音楽はスマホで聴くんだよ。

　母：ああ、それで納得。

息子：音楽聴いてオンライン映画を観てメールチェックした。

　母：あんたインターネット依存症じゃないの。

息子：そうかも。もうネットなしじゃ生きていけないよ。音楽買うのもネッ
　　　トだからね。サイトからダウンロードしてさ。

語注

❶ 怎么了 zěnme le：どうしましたか。

❷ ～左右 ～zuǒyòu：～ぐらい。～前後。

❸ 耳机 ěrjī：ヘッドホン。イヤホン。

❹ 怕 pà：恐れる。心配する。

❺ 就是 jiùshì：即ち。つまり。

丸覚え表現 47

「つぶやき表現」の中の「丸覚え表現」をまとめて紹介。
どんなシーンに出てきたか思い出しながら、中国語で言えるように練習しよう。

第1章 朝

☐ 寝過ごしちゃった。

睡过头了。
Shuìguòtóu le. ➡ P031

第2章 通勤

☐ 乗り遅れちゃった。

没赶上车。
Méi gǎnshang chē. ➡ P050

☐ 遅刻しちゃう。

会迟到的。
Huì chídào de. ➡ P050

☐ 降りまーす!

我要下车!
Wǒ yào xià chē! ➡ P052

第3章 仕事

☐ 間に合った!

赶上了!
Gǎnshang le! ➡ P068

☐ とんでもない!

不可能!
Bù kěnéng! ➡ P069

☐ すぐやります。

马上干。
Mǎshàng gàn. ➡ P070

☐ わからなくなった。

不明白了。
Bù míngbai le. ➡ P072

☐ 全然わからない。

一点儿也不明白。
Yìdiǎnr yě bù míngbai. ➡ P074

□ 例えばどんな?	比如什么? Bǐrú shénme?	➡ P076
□ 言いたいこと、わかるでしょ?	你知道我想说什么吧? Nǐ zhīdao wǒ xiǎng shuō shénme ba?	➡ P076
□ どうして私なの?	为什么是我? Wèi shénme shì wǒ?	➡ P078
□ ミスしちゃった。	出错了。 Chū cuò le.	➡ P078
□ よくやった!/お見事!	干得好! / 漂亮! Gànde hǎo! / Piàoliang!	➡ P079
□ おつかれ!	辛苦了! Xīnkǔ le!	➡ P079
□ やっぱりね。	果然如此。 Guǒrán rúcǐ.	➡ P081
□ がんばって!	祝你顺利! Zhù nǐ shùnlì!	➡ P082
□ 本気ですよ!	我很认真的! Wǒ hěn rènzhēn de!	➡ P084
□ パーッとやろう。	尽情地玩儿吧。 Jìnqíng de wánr ba.	➡ P085

第❹章 家事

□ すごい散らかりようだ!	真是太乱了! Zhēnshi tài luàn le!	➡ P100
□ ちょっとわからない。	不太清楚。 Bútài qīngchu.	➡ P104
□ 面倒くさいなあ!	真麻烦! Zhēn máfan!	➡ P104

| □ しょうがない。 | 没办法。
Méi bànfǎ. | ➡ P110 |
| □ すっからかんだ。 | 身无分文。
Shēn wú fēn wén. | ➡ P111 |

第❺章 買い物・用事

□ かっこいい。	帅气。 Shuàiqi.	➡ P129
□ マジ?／本気なの?	真的吗? / 不是开玩笑吧? Zhēn de ma? / Bú shì kāi wánxiào ba?	➡ P130
□ おつり間違ってる。	找错钱了。 Zhǎocuò qián le.	➡ P131
□ お買い得ですね。	划算。 Huásuàn.	➡ P132
□ 当たり!	没错! / 对了! Méi cuò! / Duì le!	➡ P133
□ すごい!	真了不起! Zhēn liǎobuqǐ!	➡ P135

第❻章 外食

□ どこが違うの?	哪儿不一样呢? Nǎr bù yíyàng ne?	➡ P151
□ おいしい!	好吃! / 好喝! Hǎochī! / Hǎohē!	➡ P153
□ これだけ?	就这点儿? Jiù zhèidiǎnr?	➡ P155
□ お腹いっぱい。	吃饱了。 Chībǎo le.	➡ P155

第❼章 レジャー

□ 楽しみ!	期待着! Qīdàizhe!	➡ P168
□ 面白そう。	好像很有意思。 Hǎoxiàng hěn yǒu yìsi.	➡ P170
□ 素晴らしい!	太棒了! Tài bàng le!	➡ P171
□ もうたくさんだ!	够了! Gòu le!	➡ P172
□ マジ。	真的。 Zhēn de.	➡ P173
□ 悪くないね。	不错。 Búcuò.	➡ P174
□ 絶対です。	绝对。/ 肯定。 Juéduì. / Kěndìng.	➡ P176
□ もうこんな時間だ。	都这个时间了。 Dōu zhèige shíjiān le.	➡ P177
□ 時のたつのは早いね。	时间过得真快啊。 Shíjiān guòde zhēn kuài a.	➡ P178
□ 電話して。	给我打电话。 Gěi wǒ dǎ diànhuà.	➡ P179

第❽章 夜

□ どこまで読んだっけ?	看到哪儿了? Kàndào nǎr le?	➡ P195
□ どうでもいい。/知ったことじゃない。	跟我无关。/ 无所谓。 Gēn wǒ wúguān. / Wúsuǒwèi.	➡ P198
□ いいとこ突いてる。	说到点子上了。 Shuōdào diǎnzishang le.	➡ P198

顧 蘭亭 (Gu Lanting)
日中通訳・翻訳者。中国語講師。NHKテレビ講座テキスト『どうも！にほんご講座です。』(NHK出版)、『誰でも使える！病気・けが・救助の英・中会話表現』(アルク) など翻訳多数。語学教材の作成や翻訳、音声録音なども手がける。共著に『起きてから寝るまで中国語表現1000』(アルク) など。北京第二外国語大学日本語科卒。お茶の水女子大学大学院修士課程修了。

古屋順子 (ふるや じゅんこ)
編集者、翻訳者。共著に『時事中国語の教科書』『[わくわくスタディ] 高校版 実学実用初級中国語』(朝日出版社)、『ゼロから始める「中国語の発音」徹底トレーニング』(アルク)、『音からスタート　中国語超入門』(コスモピア) など。東京外国語大学卒業。

もっとやさしい起きてから寝るまで中国語表現600

発行日：2023年7月19日

執筆・解説：顧 蘭亭、古屋順子
企画・編集：株式会社アルク 出版編集部
AD：細山田光宣
デザイン：長坂 凪 (細山田デザイン事務所)
表紙イラスト：白根ゆたんぽ
本文イラスト：石坂しづか (単語編)、飯山和哉 (動作表現)
ナレーション：姜 海寧、胡 興智、菊地信子
録音・編集：株式会社メディアスタイリスト
DTP：株式会社創樹
印刷・製本：シナノ印刷株式会社
発行者：天野智之
発行所：株式会社アルク
〒102-0073　東京都千代田区九段北4-2-6市ヶ谷ビル
Website：https://www.alc.co.jp/

地球人ネットワークを創る

アルクのシンボル
「地球人マーク」です。